Johanna Schepping

Verhaltensauffälligkeiten in Kindergarten und Hort
Wie wir helfen können

Schriftenreihe für die erzieherische Praxis
Herausgegeben von Anne Maria Hagenbusch

Lieferbare Titel:

Nora Berzheim
Kinder gestalten Feste mit Musik und Bewegung

Nora Berzheim
Kinder gestalten mit Sprache, Gestik, Musik und Tanz

Reinhard Abeln
In der Familie religiös erziehen – aber wie?
Argumente, Thesen, Hilfen für religionspädagogische Elternberatung

Johanna Schepping
Verhaltensauffälligkeiten in Kindergarten und Hort
Wie wir helfen können

Reinhard Abeln
Immer wieder Erziehungsfehler
Was Eltern und Erzieher für den Umgang mit ihren Kindern wissen sollten

Erna Woll
Singen von Gott und seiner Welt
Lieder zum Freuen und Nachdenken

Anne Maria Hagenbusch (Hrsg.)
Das schulbereite Kind
Förderung der Schulfähigkeit und Schulbereitschaft in Kindergarten, Schulkindergarten, Erziehungsberatungsstelle und Familie

Reinhard Abeln
Wie gehen wir in der Familie mit den Medien um

Peter Köck
Praxis der Beobachtung
Eine Handreichung für den Erziehungs- und Unterrichtsalltag

Gerhard Leinhofer
Verhalten als Botschaft
Auffälliges Verhalten von Kindern als Problem und Appell

Johanna Schepping

Verhaltens-auffälligkeiten in Kindergarten und Hort

Wie wir helfen können

LA VERLAG LUDWIG AUER DONAUWÖRTH

7., überarbeitete Auflage. 1991

Umschlagfoto: J. Fiebig, München
Gesamtherstellung: Ludwig Auer GmbH, Donauwörth
ISBN 3-403-0**2139**-4

Inhaltsverzeichnis

Fortbildung zur Rollen- Interaktionsspiele als Methode der Heilpädagogik

Vorwort

Dieser kleine Band sollte der Anfang einer Reihe von Orientierungs- und Praxishilfen für Erzieher und Sozialpädagogen sein. Inzwischen wird er auch als Hilfe für den Unterricht der Heilpädagogik verwendet.

Das vorliegende Werk wurde neu bearbeitet. Es kann jedoch nicht einschlägiges Studium ersetzen, vielmehr möchte es helfen, die hier erworbenen Kenntnisse in die praktische pädagogische Alltagsarbeit umzusetzen. Es wird versucht, Ursachen von Erziehungsschwierigkeiten nachzugehen und Hilfen durch heilpädagogische Mittel zu geben, die auch Erziehern zur Verfügung stehen. Dies schließt die Notwendigkeit eines verständnisvollen Zusammenwirkens mit Eltern und gegebenenfalls heilpädagogischen bzw. psychologischen Beratungsstellen ein.

Außer den therapeutischen Hinweisen wird deutlich, wie wichtig es ist, die leibseelischen Bedürfnisse und Begabungen des Kindes zu berücksichtigen und ihr Gleichgewicht anzustreben. Zu viele Angebote, aber auch zu wenige Anregungsmöglichkeiten können die lustbetonte Eigeninitiative und die Kommunikationsfähigkeit des Kindes hemmen.

Erziehung ist die Kunst individueller Ermutigung! Anerkennung der Eigenart des Kindes, des jungen Menschen schenkt Geborgenheit und gegenseitiges Vertrauen. Mit der Urbeziehung der Liebe kann durch Gottes Hilfe *Heil* und *Heilung* geschehen.

Anne Maria Hagenbusch

Allgemeines über Verhaltensauffälligkeiten

Vorbemerkung:

Während früher der Begriff „Verhaltensstörungen" gebraucht wurde, wird heute dafür „Verhaltensauffälligkeiten" verwendet. Der Begriff „Verhaltensstörungen" steht in diesem Werk gleichbedeutend für „Verhaltensauffälligkeiten".

1. Abgrenzung des Begriffes „Verhaltensstörungen"

Im Verhalten offenbart sich Seelisches. Die Verhaltensstörungen sind somit äußere Zeichen für seelische Störungen. (Kinder, die Schwierigkeiten machen, haben Schwierigkeiten.)
Mit dem Begriff „Verhaltensstörungen" meinen wir zunächst, daß das Verhalten eines Menschen von der Verhaltensnorm abweicht, und zwar zur negativen Seite hin.
Allerdings ist damit noch nicht gesagt, woran „normales" Verhalten gemessen werden kann.
Entspricht die Norm dem *Durchschnitt,* wie dies in der Soziologie, häufig aber auch in der Psychologie verstanden wird, ist zu bedenken, daß Verhaltensstörungen zwar ein von der Durchschnittsnorm abweichendes Verhalten darstellen, daß aber umgekehrt nicht alles abweichende Verhalten als abnorm bezeichnet werden kann. Versteht man unter Norm eine *Idealnorm,* so weicht jeder davon ab. Man müßte sicher einen Menschen, der vollkommen der Idealnorm entsprechen würde, zumindest im Hinblick auf die Realität Mensch als unnormal bezeichnen.
Meistens wird unter Normalität die *Anpassung* an das in der Gesellschaft erwünschte Verhalten verstanden. „Abnormes" Verhalten ist dann unangepaßtes Verhalten, ein Verhalten, das in mitmenschlichen Beziehungen sich nicht an die berechtigte Erwartung der Interaktionspartner anpaßt[1]. Auch dabei sind Bedenken berechtigt: Soll der Mensch sich um jeden Preis anpassen? Soll er es kritisch tun? Welche Kriterien hat er dazu? Gibt es nicht Situationen, in denen er sich nicht anpassen darf? Aber ohne ein Minimum an Anpassung ist ein Zusammenleben

1 Vgl. Elkind and Weiner, Development of the Child. New York 1978, 184.

nicht möglich. Ein Abweichen von diesem Minimum hat nicht nur die Ablehnung durch andere zur Folge, sondern auch die Hemmung der eigenen Entwicklung und damit der Selbstverwirklichung des Heranwachsenden.
Erzieher unterscheiden häufig zwischen „schwierigen" und „verhaltensgestörten" Kindern. Schwierigkeiten sind oft situations- oder entwicklungsbedingt. Es ist daher notwendig, den Begriff „verhaltensgestört" einzugrenzen und ihn nur in Bezug auf die Kinder anzuwenden, die – sei es aus welchen Gründen immer –, grundsätzlich nicht fähig sind, jenes Minimum an Anpassung zu zeigen, das ein ihrer Entwicklungsstufe entsprechendes Zusammenleben mit anderen ermöglicht oder – bzw. dadurch – ihre Entwicklung fördert.

2. Die Symptomatik von Verhaltensstörungen

Symptome sind Anzeichen, in unserem Fall Anzeichen seelischer Störungen, mißglückter Sozialisation, falscher oder mangelnder Erziehung, wie immer man diese Ursachen bezeichnen will. Bestimmte Symptome treten häufiger auf, andere seltener, sind aber deshalb nicht weniger ernst zu nehmen. Hier sollen nur die häufigsten Symptome besprochen werden.

2.1 Die häufigsten bei Kindern auftretenden Symptome

2.1.1 Aggression

Die Aggression tritt mit am häufigsten auf und scheint ständig zuzunehmen.
Es gibt allerdings auch eine gesunde Aggressivität. Es ist kein Zeichen für eine seelische Störung oder eine krankhafte Anlage, wenn sich ein Kind ab und zu widerspenstig benimmt oder streitet. Es sucht sich dadurch gegen Widerstände, die seinem Streben nach Eigensein entgegengesetzt werden, zu wehren. Gelegentliche Aggressivität kann auch eine Kraftprobe sein. Während der frühkindlichen Entwicklung gibt es eine aggressive Phase, die allerdings vor dem Kindergartenalter liegt.
Wenn wir hier von aggressiven Kindern sprechen, dann handelt es sich um solche, die ohne jeden sichtbaren Grund andere angreifen, schlagen, kratzen oder beißen.

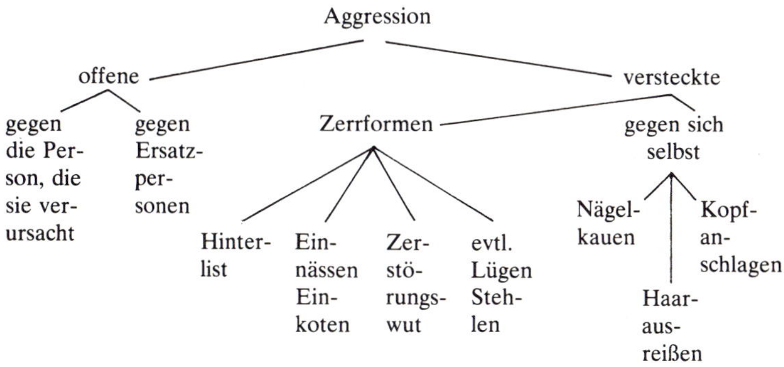

Ulrike, 5;8 Jahre, ist sehr aggressiv. Sie hat keinen Freund im Kindergarten, worunter sie leidet. Die ganze Gruppe wird von ihr tyrannisiert. Durch ihre auffallend gute sprachliche Ausdrucksfähigkeit, der die anderen (Land-)Kinder nicht gewachsen sind, können sie ihr nicht erwidern und lassen sich dann sehr viel bieten. Ulrike nützt ihre „Stärke" aus, greift dabei Kinder auch tätlich an. Sie schneidet anderen Haare ab, schüttet ihnen beim Essen die Gläser aus, spuckt auf den Boden.

Leander, 2 Jahre, kam mit 1;8 Jahren ins Heim. Vorher war er bei einer Pflegefamilie. Im Heim durchschrie er anfangs Nächte, schlug sich den Kopf an. Diese Symptome zeigen sich nun nicht mehr. Aber er ist auffallend egoistisch, beansprucht alle und alles für sich, ist aggressiv und hat schwere Wutanfälle (Trotzalter).

Cornelia, 10 Jahre, kam mit einem Monat in ein Kinderheim, nach etwa 1½ Jahren wieder nach Hause, mit 6;9 Jahren wieder in dieses Heim und ist seitdem mit einer Unterbrechung von einem halben Jahr dort. Nach jeder Rückkehr war sie aggressiver. Nach der letzten biß und kratzte sie die Erzieherin, gebrauchte die gröbsten Ausdrücke, wollte aber auf keinen Fall wieder nach Hause.

2.1.2 Ängstlichkeit

Angst ist lebensnotwendig. Sie überkommt den Menschen immer, wenn er bedroht wird. Während das Tier in allen Lebenslagen vom Instinkt geleitet wird, fordern Ungesichertheit und Angst den Menschen erst auf, für seine Existenz zu sorgen. Ein Leben ohne Angst wäre lebensgefährlich. Aber nicht nur für das körperliche Leben ist die Angst von Bedeutung, sondern auch für das geistig-seelische (Ehrfurcht). Ein Mensch, der keine Angst hat, ist kein feinfühlender, kein reifer Mensch.

Beim Kind kann die Angst, die aus der seelischen Reife kommt, noch

nicht entwickelt sein. Doch neigt auch ein Kind, je feinfühlender es ist, desto mehr zu Angst. Vor allem kennt es die Angst, die aus der Ungesichertheit des Lebens kommt, wenn es diese erfahren muß. Diese Angst kann sich so steigern, daß das Kind in der Angst gefangen wird. Solche ausweglose Angst kann die allgemeine Entwicklung behindern.
Angst und Furcht sind eigentlich nicht dasselbe. Furcht ist immer an einen Gegenstand gebunden, Angst nicht. (Das Tier kennt nur Furcht, nicht Angst, denn Angst hängt mit Geist zusammen.)

Angst (krankhafte)

- gegenständliche Angst = Furcht (Phobie)
  - vor-Alleinsein
  - vor Dunkelheit
  - vor Tieren
- gegenstandslose Angst (neurotische Angst)
  - Angst vor unbekannter Gefahr
  - übertriebene Angst vor wirklicher Gefahr
  - Wesensangst

Häufung von Furchterlebnissen kann zu gegenstandsloser Angst führen ⟶ Gegenstandslose Angst kann zu Angstbesetzung von Gegenständen führen. ⟵

Aggression und Angst treten häufig kombiniert auf. Es ist oft erst durch lange Beobachtung festzustellen, ob die Angst eine Angst vor der eigenen Aggressivität ist oder ob die Aggressivität ein Überspielen der Angst darstellt. Ebensowenig ist auf den ersten Blick festzustellen, ob nicht beides unabhängig voneinander erlernt wurde.

Vor allem versteckte Aggressivität ist mit Angst verbunden.

Michael, 4;2 Jahre, wird als verschlossen, ängstlich und aggressiv geschildert. Er geht gern an die Pausebrottaschen anderer, zwickt Kinder, sobald er sich von der Erzieherin unbeobachtet glaubt, zittert aber dann am ganzen Körper. Er ist durch seine Angst so blockiert, daß kein gutes Zureden ihn zur Einsicht zu bringen vermag.

2.1.3 Kontaktscheu, Hemmungen

Kontakt sucht das Kleinkind gewöhnlich nur zu *einer* Person. Zur Entwicklung ist Kontaktnahme aber nötig. Sehr kontaktscheue Kinder sind nicht schulfähig.

Hemmung ist an sich nichts Negatives. Das Kind muß lernen, daß es nicht alles tun darf, was es im Augenblick möchte. Durch zu große Gehemmtheit aber wird es unsicher vor anderen und vor sich selbst. Es traut sich dann nichts mehr zu und kann das, was an Möglichkeiten in ihm steckt, nicht zur Entfaltung bringen.
Hemmung hängt meist mit Ängstlichkeit zusammen, richtet sich aber mehr auf das eigene Handeln als auf Personen oder Dinge.

Heidi, 5;9 Jahre, wird als gehemmt und ängstlich geschildert. Sie traut sich nichts zu. Werden von ihr auch nur die geringsten Leistungen verlangt, versteckt sie sich in der Toilette, vor allem, wenn eine fremde Person (Praktikantin) da ist. Nur wenn sie neben der Erzieherin sitzt, ist sie zu bewegen, überhaupt etwas zu tun. Lachen sieht man Heidi kaum.

2.1.4 Konzentrationsstörungen

Konzentration ist für das Kleinkind immer schwierig, ganz besonders heute wegen der Reizüberflutung. Um von der Unmenge der Eindrücke nicht überwältigt zu werden, schaltet das Kind einfach ab. Erhebliche Konzentrationsstörungen führen zu Lernschwierigkeiten. (Konzentration ist eine Stützfunktion der Intelligenz.)
Bei den Konzentrationsstörungen fallen auf:

- die Ballungen dieser Störungen in einigen Kindergartengruppen. Man müßte sich also fragen, ob sie nicht von den Erzieherinnen und deren Methoden mit verursacht sind;
- der Zusammenhang der Konzentrationsstörungen mit anderen Symptomen. Sie treten weit weniger als alle anderen Symptome als Einzelsymptome auf. Dies führt zur Annahme, daß es sich dabei weniger um direkte seelische Störungen handelt, sondern mehr um Begleiterscheinungen anderer Symptome.

Jürgen, 5;3 Jahre, ist ein überaktives Kind. Er fängt eine Sache nach der anderen an. Kaum sitzt er an einem Platz, hört man ihn schon in einer anderen Ecke. Er bringt viel Unruhe in die Gruppe. Kleinere Kinder greift er an, vor neuen hat er Angst, aber auch vor Dunkelheit und Gewitter. Soll er etwas tun, wobei er nicht ganz sicher ist, daß er es kann, bricht er in hsysterisches Weinen aus.

Bei Hortkindern zeigt sich oft ein Teufelskreis. Konzentrationsstörungen führen zu schlechteren Schulleistungen. Diese wieder, vor allem die Angst vor schlechteren Noten und deren Folgen zu Hause, lassen sie immer unkonzentrierter werden. Der neue Unterrichtsstoff wird dann weniger durchschaut und kann nicht mehr beherrscht werden.

2.1.5 Hypernervosität

Darunter versteht man starke motorische Unruhe und Tics (= unwillkürliche Bewegungen, die meist auf eine bestimmte Muskelgruppe beschränkt sind und in unveränderter Form sich rasch wiederholen). Hypernervöse Kinder sind auffallend unruhig, unstet, unausgeglichen, sprunghaft und fahrig und stehen unter erhöhter Dauerspannung. Motorische Unruhe führt leicht zu Zusammenstößen mit anderen Kindern. Solche Kinder empfinden alles Unangenehme stärker und gehen daher schwierigen Situationen leicht aus dem Weg.

2.1.6 Übersteigertes Geltungsbedürfnis – hysterieformes Verhalten

Geltungsbedürfnis ist eigentlich Liebesbedürfnis. Kinder, die darin frustriert werden (frustra = vergeblich, d. h. denen die Befriedigung versagt wird), tun sich gern hervor, sind aufdringlich. Im Extremfall greifen sie zu Krankheitsvortäuschung oder -erzeugung (bleich werden, Fieber, Erbrechen). Wenn sie durch solch hysterieartiges Verhalten ans Ziel kommen, verlieren sie das Vertrauen, daß man es gut mit ihnen meint, daß sie so angenommen werden, wie sie sind. So werden sie immer mehr ins Theatralische hineingetrieben.

Auch bei Überforderung zeigt sich dieses Fehlverhalten, nicht nur im Kindergarten-, auch im Schulkindalter.

Ulrike, von der im Zusammenhang mit Aggression berichtet wurde, ist äußerst liebebedürftig. Wird sie nicht beachtet, macht sie den Kasperl und sucht durch Angeberei die Aufmerksamkeit auf sich zu ziehen. (Mit Krankspielen hat sie schlechte Erfahrungen gemacht.)

2.1.7 *Lügen*

Phantasielügen sind selbstverständlich keine Lügen. Aber im 4. Lebensjahr können Kinder zwischen Wahrheit und Lüge unterscheiden. Im allgemeinen lügt das Kind aus Angst, manchmal auch, um anderen etwas antun zu können. (Wenn ich diesem Kind nichts tun kann, soll es wenigstens vom Erwachsenen bestraft werden, so kann ich mich rächen!) Hier handelt es sich um eine Zerrform der Aggression. Wenn ein Kind eine Tat nicht mit voller Überlegung getan hat, erkennt es diese oft nicht an.

Die meisten Lügen im Schulalter geschehen aus Prahlerei und Angst. Man müßte fragen, warum Kinder prahlen müssen und warum sie Angst haben.

2.1.8 *Stehlen*

Wenn Kindergartenkinder stehlen, so meistens, weil sie ein bestimmtes Spielzeug haben wollen. Eigentum ist für sie kaum schon ein Begriff. Es kann aber auch der Fall sein, daß sie anderen Kindern etwas antun wollen.

Im Schulalter stehlen die Kinder häufig, weil sie nicht gelernt haben, auf Dinge zu verzichten. Der Anstieg an Kaufhausdiebstählen ist bekannt[2]. Während die aggressiv fordernden Erziehungsmechanismen der sozial schwachen Eltern als mitverantwortlich für Delinquenz bezeichnet werden[3], zeigt sich jedoch, daß gerade Kinder aus der Mittelschicht häufig Eigentumsdelikte begehen. Viele Jungen stehlen, weil sie zu Hause zu wenig Zuwendung bekommen. Werden sie von der Polizei nach Hause gebracht und droht ihnen der Vater Schläge an, antworten sie oft: „Jetzt mußt du dich wenigstens um mich kümmern.“

2.1.9 *Einnässen und Einkoten*

Beide wurden bereits als Zerrform der Aggression angeführt. Dies ist vor allem der Fall, wenn es sich um Tag-Einnässen (enuresis diurna) und Einkoten (encopresis) handelt. Nacht-Einnässen (enuresis nocturna) ist fast immer Zeichen eines Sich-ungeborgen-Fühlens des Kindes.

---

2 Vgl. dazu Ernst M. Wallner/Margret Pohler-Funke, Soziologie der Kindheit. Heidelberg 1978, 51–53 und 145 f.

3 Vgl. a. a. O., 144.

2.1.10 *Sexuelle Schwierigkeiten*

Es ist sicher gut, daß das Sexuelle heute natürlich genommen wird, auch Kindern gegenüber. Allerdings erfahren wir dabei das Gegenteil von früher: Kinder werden durch Eltern, sog. Kinderzeitschriften, Filme stimuliert. Dabei bilden sich mehr Konflikte im Kind als zugegeben wird.

Monika, 6 Jahre, onanierte häufig vor anderen Kindern. Von der Erzieherin gefragt, warum sie das tue, antwortete sie: „Wenn meine Mutti keinen Mann hat, tut sie das. Sie hat mir gezeigt, wie sie das macht und hat mir auch gezeigt, wie ich das machen kann."[4]

Ein Fünfjähriger sagte zur Erzieherin im Kindergarten: „Komisch, die Großen tun das alle und sie sagen uns genau, was sie tun. Aber wir dürfen das nicht tun."

In einem Hort versuchten 10–12jährige immer häufiger sexuelle Spiele. Von der Erzieherin gefragt, ob sie nicht etwas für sie Schöneres und Interessanteres spielen könnten, antwortete eine Elfjährige mit einem Ausdruck sichtlicher Not: „Ja, aber wenn wir groß sind, müssen wir das doch können."

Auch bei einer gesunden natürlichen Einstellung zur Sexualität muß es dem Erzieher ein Anliegen sein, den anvertrauten Kindern in sexuellen Schwierigkeiten dadurch zu helfen, daß er eine Atmosphäre gegenseitigen Vertrauens schafft, entwicklungsentsprechende Gespräche mit dem einzelnen Kind bzw. mit der Kindergruppe führt (s. Hort-Beispiel), soweit möglich auch mit den Eltern gegebenenfalls mit einer Beratungsstelle. Sport- und Rhythmikangebote können besonders zur Entspannung beitragen.

2.1.11 *Hospitalismus*

Der Hospitalismus ist ein Syndrom, d. h. eine Reihe von Symptomen, die zu einem Erscheinungsbild zusammengehören. Er zeigt sich vor allem bei Kindern, die lange im Säuglingsheim oder Krankenhaus (Hospital) waren, kann aber auch in der Familie auftreten, wenn Kinder emotional vernachlässigt werden. Am häufigsten ist er im Kinderheim zu finden, nicht wegen einer Vernachlässigung, die das Kind dort erfährt, sondern weil vernachlässigte Kinder eher in ein Heim kommen. Der Hospitalismus zeigt vor allem Symptome wie Sprachrückstand, Rückstand der intellektuellen Entwicklung, Gehemmtheit, Ängstlichkeit, Kontaktscheu oder Distanzlosigkeit, Kopf- oder Körperschaukeln (Jactatio capitis oder corporis).

---

4 Vgl. dazu auch Christa Meves, Manipulierte Maßlosigkeit. Psychische Gefahren im technisierten Leben. Freiburg[5] 1972.

2.1.12 Verwahrlosung

Auch Verwahrlosung ist ein Syndrom. Sie findet sich selten bei Kindergarten- und Hortkindern, häufiger bei Heimkindern, da sie ein Grund zur Heimeinweisung ist. Durch mangelnde Erziehung infolge Ablehnung, Gleichgültigkeit, Zurückgestoßenwerden wird das Kind bindungslos, entwickelt Aggressionen, Haß, Zerstörungswut, kann kein Gewissen bilden, ist oft im Sexuellen hemmungslos.

Helga kam mit 11;8 Jahren ins Heim. Innerhalb von drei Jahren hatte sie die beiden Eltern verloren. Vorher lebte sie mit ihnen in einer Baracke in einer Einöde. Meerschweinchen waren ihr einziger Umgang. Als sie ins Heim kam, war sie voll eitriger Wunden kaum ansprechbar, aggressiv.

Vier Geschwister, zwischen 3–6 Jahren, deren Vater Trinker war und die Wohnung demoliert hatte, wurden von der Polizei halb verhungert und verlaust ins Heim gebracht. Die Kinder zeigten Aggression und Zerstörungswut. Einer von ihnen sagte bei jedem Streit mit Kindern: „Wenn ich groß bin, stech ich dich mitten ins Herz, wie mein Vater."

2.1.13 Mutismus

Mutismus ist eine seelisch bedingte „Stummheit" (mutus = stumm). Er kommt selten vor und dann vor allem bei Kleinkindern. Dauert er über dieses Alter hinaus, ist ein solches Kind nicht schulfähig. Meist zeigt er sich nur in „fremder" Umgebung, also im Kindergarten und in der ersten Zeit eines Heimaufenthalts.

2.2 Auswirkung der Störungen auf die Gesamtpersönlichkeit

Die Symptome können sich zeigen

im sozialen Bereich: Das Typische ist das Nicht-integriert-Sein in die Gruppe. Folge: Rückzug in sich, „Kasperlspielen", Sich-Hervortun, Aggression;

im Leistungsbereich: Das Typische ist die Diskrepanz zwischen Intelligenz und Leistung infolge Mangel an Konzentration, Tagträumen, Nervosität usw.;

im erzieherischen Bereich: Das Typische ist das Nicht-ansprechbar-Sein auf erzieherische Bemühungen. Das Kind antwortet auf sie evtl. mit Aggression, Trotz, Unfolgsamkeit, Lügen.

In den meisten Fällen spielen die Symptome jedoch in alle drei Bereiche hinein und gefährden so die Gesamtentwicklung des Kindes.

3. Hintergründe von Verhaltensstörungen

Verhaltensgestörte Kinder können, besonders wenn sie einerseits die ganze Gruppe stören und dabei erkennen, daß sie durch ihr Verhalten der Erzieherin Sorge machen, andererseits aber dieser immer wieder ihre Zuneigung beteuern, vor Rätsel stellen. Erzieher können das Verhalten des Kindes nur dann verstehen und die richtigen Mittel anwenden, wenn sie das Kind nicht nur vom Kindergarten her kennen, sondern auch um die häuslichen Verhältnisse, um seine Vorgeschichte wissen.

Manuel war von 3 bis 6 Jahren im Kindergarten. Er zeigte eine Reihe von sich scheinbar widersprechenden Symptomen:

Aggression: Er hat Kinder gebissen, gekratzt, auf den Kopf geschlagen, sie gewürgt, und zwar im allgemeinen ohne sichtlichen Grund, manchmal aber, wenn ein Kind bei einer Tätigkeit zu ihm sagte: „Das kannst du nicht!“.

Kontakt suchte er ständig, konnte aber keinen Freund gewinnen, da er immer wieder aus der Rolle fiel und seine Aggressionen zeigte.

Angst: Beim Klettern auf der Sprossenwand zitterte er und brach in Schweiß aus, wollte sich aber nicht abhalten lassen. Bei neuen Beschäftigungen zeigte er große Angst, auch bei Fremden, denen er sich jedoch, wenn auch voller Angst, zuwendete. Seine Frage war nachher stets: „Wo kommt der her? Ist der lieb?“.

Übertriebene Liebesbedürftigkeit, Eifersucht: Wenn er meinte, die Erzieherin beschäftige sich mit einem Kind, weil es eingenäßt hatte, näßte er am nächsten Tag auch ein. Selbst mit sechs Jahren war er für Vernunftsgründe unzugänglich. Nur wenn man ihm die Hand auf den Kopf legte, ihn in den Arm nahm, konnte man ihn für kurze Zeit gewinnen. Zugänglich war er auch über Aufträge, besonders solche, die anderen Kindern nicht erteilt wurden.

Dabei war er sehr feinfühlig, merkte die leiseste Unstimmigkeit bei der Erzieherin. „Warum bist du heute traurig?“, fragte er dann. Auch mit kleineren und neuen Kindern war er äußerst einfühlend, trotz Eifersucht, griff aber dafür seine Altersgenossen an.

Große Freigebigkeit, Kaufen von Freunden mit Süßgkeiten, Daumenlutschen waren weitere Symptome.

Einmal malten die Kinder Bäume. Manuel malte viele Kirschen an die Äste. „Die bekommt sicher der Papa“ (den er lieber hatte als die Mutter), meinte die Erzieherin: Er aber: „Nein, der mag mich nicht, der mag nur sich selber.“ Die Mutter und die Oma sollten ebenfalls nichts bekommen. Darauf die Erzieherin: „Da kommt einmal eine junge Frau, braune Haare, blauen Pulli . . .“ Manuel: „Das bist du! Du brauchst gar nicht fragen, du bekommst alles.“ „Aber ich schimpfe dich doch oft, ich habe dich sogar einmal verhauen, weißt du das noch?“ „Das macht nichts, aber du magst mich.“

Die Vorgeschichte des Kindes und seine häuslichen Verhältnisse waren Folgende:

Die Eltern hatten sich bei einem Urlaub kennengelernt und lebten seitdem unverheiratet zusammen. Nach drei Jahren wurde Manuel geboren. Als dieser drei Jahre alt war, verließ der Vater die Mutter und lebte mit einer anderen Frau zusammen. Manuel wurde vom Vater in den Kindergarten angemeldet. Die Mutter benützt Manuel als Waffe gegen den Vater, der das Kind gern gehabt hätte, um es der Mutter zu nehmen.

Der Junge war erst eine Woche im Kindergarten, als er zur Erzieherin in kläglichem Ton sagte: „Mama, Papa, alles aus" und dabei in die Arme der Erzieherin fiel. Hatte er zu Hause etwas angestellt, bat er die Mutter: „Schlag mich, sperr mich ein, tu alles, aber sag's bloß nicht dem Fräulein Rita." Es war die Angst, auch noch die Liebe der Erzieherin zu verlieren.

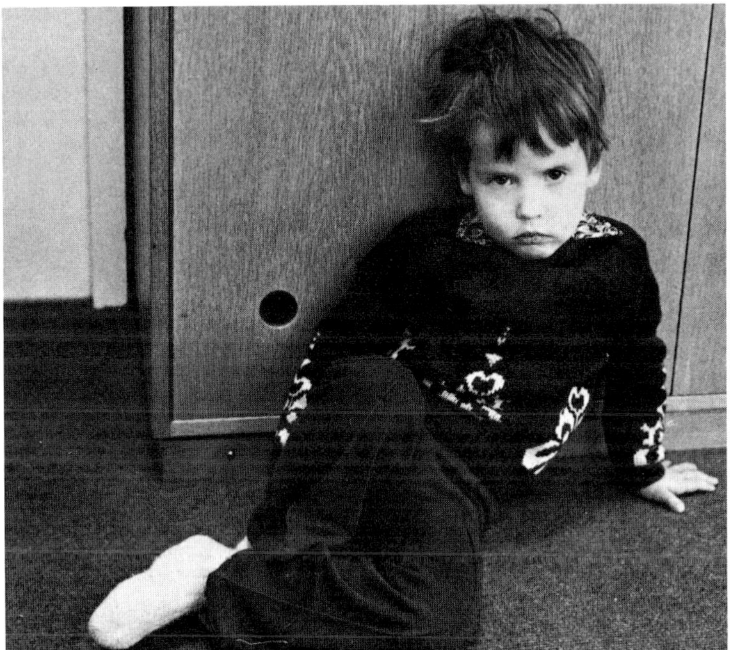

Kinder können sich aus verschiedenen Gründen zurückziehen. Wenn sie das gelegentlich tun, ist es nicht bedenklich. Jedes Kind hat hie und da Schwierigkeiten, die es verarbeiten muß. Zieht es sich jedoch häufig oder gar meistens zurück, ist die Entwicklung gefährdet.
Dieses Kind könnte ebenso körperlich krank sein wie schweren seelischen Kummer haben. Das Verhalten ist nur Indiz, daß etwas „nicht in Ordnung" ist. Erzieher müssen den Ursachen nachgehen, bevor sie eingreifen, vor allem dann, wenn gute Worte beim Kind nicht ankommen.

Nach diesen Kenntnissen über das Kind wird zunächst sein übertriebenes Liebesbedürfnis verständlich. Kein Kind kann ohne Liebe leben. Erhält es sie nicht von den Eltern, muß es sich diese Liebe mit aller Gewalt von einer anderen Bezugsperson sichern. Auch das Daumenlutschen und gelegentliches Einnässen werden verständlich. Daumenlutschen gibt Kindern Geborgenheit. Es kann weiter geschlossen werden, daß das Kind versucht, wenigstens durch Leistung etwas zu gelten, denn es überwindet sich trotz heftiger Angst und ist für Aufträge besonders zugänglich. Es erhofft sich also durch Leistung Liebe. Es wird aggressiv, wenn ihm eine Leistung nicht zugetraut wird. Daß es aber auch scheinbar ohne Anlaß so heftige Aggressionen zeigt, ist aus diesen Kenntnissen über das Kind nicht ersichtlich.

3.1 Bedeutung und Schwierigkeit der Anamnese

Der Begriff „Anamnese" kommt aus dem Griechischen und bedeutet soviel wie „Wiedererinnern". Es geht dabei um die Vorgeschichte eines Menschen, der über seine Kindheit befragt wird, soweit er sich zurückerinnern kann. Handelt es sich um Kinder, werden selbstverständlich die Eltern befragt.

Durch die Anamnese soll die Entstehung von Störungen im Laufe der Entwicklung verständlich werden. Dabei spielt auch die Umweltkonstellation eine Rolle. Wie wichtig die Kenntnis der Vorgeschichte und der derzeitigen häuslichen Verhältnisse der Kinder ist, zeigt das eben beschriebene Beispiel. Allerdings wird eine Erzieherin im Kindergarten oder Hort kaum an alle nötigen Daten herankommen.

In einer Erziehungsberatungsstelle können verhältnismäßig leicht Fragen an Eltern gestellt werden. Sie suchen ja Hilfe und halten das Personal für fachlich qualifiziert. Trotzdem sind manche Eltern wenig aussagefreudig. Aber auch wo eine Mutter bereitwillig Auskunft gibt, ist zu bedenken, „daß es sich um Interpretationen aus der Sicht der Mutter handelt" und daß Mütter oft sehr falsche Vorstellungen über „normales" Verhalten von Kindern haben[5].

Erzieher im Kindergarten können nicht ohne weiteres nach Familienverhältnissen fragen. Oft werden sie von Eltern nicht für kompetent

---

5 Lilly Kemmler, Die Anamnese in der Erziehungsberatung. Bern-Stuttgart-Wien[3] 1974, 59 f.
Das Buch beschreibt deutlich und leicht verständlich die Erhebung der Anamnese.

gehalten und in vielen Fällen geben diese nicht zu, daß ihre Kinder schwierig sind. Sie behaupten immer wieder, zu Hause würden sich alle diese Schwierigkeiten nicht zeigen. Erzieherinnen sind darauf angewiesen, was die Eltern mehr oder weniger von sich aus erzählen oder was sie von deren Bekannten hören. Wenn Kinder in ein Heim eingewiesen werden, erhält das Heim meist die Akten des Kindes, in denen auch die Vorgeschichte aufgezeichnet ist. Häufig erfahren die Gruppenerzieherinnen jedoch nichts davon.

Heidi (über sie wurde in Bezug auf Gehemmtheit berichtet) hört von ihren Eltern bei jeder Gelegenheit: „Das kannst du nicht“, „du bist dumm und bleibst dumm!“ Es wird ihr immer wieder gesagt, daß ihre kleinere Schwester das alles viel besser kann. So ist verständlich, daß Heidi vor Versagen Angst hat und deshalb jeder Leistungsanforderung ausweicht. Natürlich bekam die Erzieherin die Angaben nicht durch die Eltern.

Ulrike (s. unter Aggression und übersteigertem Geltungsbedürfnis) wird mehr von einer Zugehfrau als von der Mutter erzogen. Letztere ist für Gespräche mit der Erzieherin unzugänglich. Sie behauptet, Ulrike würde sich zu Hause völlig normal verhalten. Aber sie schreit das Kind an, auch im Kindergartenbereich, wenn sie glaubt, die Erzieherin sei nicht in der Nähe. Sieht sie diese, schmeichelt sie dem Kind und gibt ihm alle möglichen Kosenamen. Bei Besorgungen auf dem Heimweg muß Ulrike allein im Auto bleiben und schreit dann aus Angst.

Jürgen (s. unter Konzentrationsstörungen) war bis zu 5 Monaten im Krankenhaus, terrorisierte dann seine Großeltern und die Tante, bei denen er wohnte.

Michael (s. unter Ängstlichkeit) wird vom Vater nur angeschrien. Dieser will auf keinen Fall mehr Kinder, während die Mutter noch welche möchte. Der Großvater väterlicherseits bot der Mutter 1000 DM an, wenn sie dann damit einverstanden wäre, keine Kinder mehr zu bekommen.

Die Angaben, die die Erzieherinnen über die einzelnen Kinder erhalten konnten, sind, zumindest bei den letzten drei angeführten Kindern, unzureichend, um zu erklären, warum die Kinder gerade diese und nicht andere Symptome zeigen.

3.2 Die Problematik der „Anamnese“ in Kindergarten und Hort

Wie sich die Teilangaben über Kinder, die Erzieher von Eltern oder Nachbarn, aber auch von eigenen Vorgängern erhalten, auf die Beurteilung der Kinder auswirken können, sollte an einem Experiment deutlich gemacht werden.
Studierende einer Fachakademie für Sozialpädagogik hatten in Gruppenarbeit je ein Kind zu beurteilen. Dazu wurden ihnen kurze Angaben über das Kind gemacht.

Gruppenarbeit! Zur Frage der Beobachtung

Der *ersten Gruppe* wurde ein kleines Mädchen geschildert, das gern streunt, oberflächlich und unkonzentriert ist.
Das Kind der *zweiten Gruppe* wurde als von der Mutter unangenommen, unerwünscht geschildert, das deshalb sehr mißtrauisch und ängstlich sei, das lügt, um sich aus einer Affäre zu ziehen.
Der *dritten Gruppe* wurde ein Kind als Liebling der Vaters beschrieben, der sehr viel Wert legt auf die Durchsetzungsfähigkeit seiner kleinen Tochter. Diese sei deshalb aggressiv und stolz, wenn sie andere stören kann. Sie lügt, um andere zu beschuldigen.
Der *vierten Gruppe* wurde ein Kind so beschrieben, daß nichts ausgesagt war.
Alle vier Gruppen bekamen dieselben Beobachtungsdaten über das Kind. Diese waren, ebenso wie die übrigen Angaben, fiktiv. In den Beobachtungen hieß es u. a.: „Plötzlich höre ich Lärm und sehe, daß die Legosteine, mit denen A gespielt hat, auf dem Boden liegen. A will sie zuerst nicht aufheben, deutet aufgeregt nach einem Kind, das lacht . . . A sitzt mit drei anderen Kindern beim Frühstück. Ich höre heftigen Streit, kann aber nicht feststellen, worum es geht . . . Ich finde zufällig in der Pausebrottasche von A Legosteine, mit denen es vorher gespielt hat. A streitet ab, sie genommen zu haben."
Den Studierenden wurde gesagt, sie sollten sich bei ihren Berichten auf die Beobachtungsdaten berufen. Die Angaben über das Kind seien lediglich Informationen für sie.
Der Versuch, der in anderen Klassen wiederholt wurde, zeigte, daß die erste Gruppe das Fallen der Legosteine als Beweis für die Zerfahrenheit des Kindes deutete, die zweite Gruppe schrieb, ein anderes Kind habe die Steine hinunter geworfen. Dies zeige sich deutlich darin, daß dieses lachte. Die dritte Gruppe schrieb, A hätte die Steine selbst auf den Boden geworfen, beschuldige aber dann das Kind neben ihm. Der Streit beim Frühstück wurde von der ersten Gruppe beim Bericht nicht erwähnt, von der zweiten als von den anderen Kindern begonnen gedeutet, in der dritten Gruppe als von A verursacht. Ähnlich war es bei den Deutungen der anderen Beobachtungsdaten. Die vierte Gruppe jedoch sagte, sie könne mit diesen Beobachtungsdaten nichts anfangen. Schließlich könne man nicht aufgrund der Beobachtung während eines Vormittags über ein Kind eine Beurteilung schreiben. Die ersten drei Gruppen, die absichtlich zu einem Vorurteil über die Kinder geführt wurden, hatten keinerlei Schwierigkeiten, die Daten auszulegen.
Das Experiment sollte Erzieherinnen aufmerksam machen, wie wichtig

es ist, selbst genau zu beobachten, und wie sehr man dazu geneigt ist, nach Vorurteilen und nicht nach dem objektiven Geschehen zu beurteilen. Auch wenn die Vorgeschichte und die häuslichen Verhältnisse Aufschluß über ein Kind geben und helfen können, es besser zu verstehen, können sie ein Kind auch belasten. Diese Gefahr muß gesehen werden.

Ist ein Kind einmal abgestempelt als „schlimm" (es kann ja nicht anders sein, man weiß doch aus welchen Verhältnissen es kommt!), ist es der Sündenbock der Gruppe, schon im Kindergarten, mehr aber noch im Hort. Bei unangenehmen Vorfällen braucht dann nicht mehr lang nach dem Schuldigen gesucht zu werden. Auch Kinder beschuldigen ein solches Kind, nicht unbedingt, um den Verdacht von sich abzulenken, sondern um dem Fragen und Bohren von Erziehern nach dem Schuldigen zu entgehen[6].

3.3 Die Bedeutung von Theorien für die Erklärung von Verhaltensstörungen

Wie bereits gesagt, wird durch die Anamnese zwar verständlich, *daß* ein Kind verhaltensgestört ist, aber nicht – vor allem, wenn die Anamnese unvollständig bleiben muß – *wodurch* die einzelnen Symptome entstanden sind, z. B. wodurch bedingt ist, daß

- Ulrike Kindern Haare abschneidet und Gläser umschüttet,
- Michael trotz heftiger Angst aggressiv ist,
- Jürgen wegen seines Krankenhausaufenthalts bei Anforderungen in hysterisches Weinen ausbricht,
- Manuel auch ohne äußeren Anlaß aggressiv wird. Ebenso wenig wird dadurch klar, wie Leistenwollen (Selbständigkeit) mit so großer Liebesbedürftigkeit (Abhängigkeit) zusammenhängt.

Selbst wenn die Anamnese vollständig wäre, bedürfte es einer zusätzlichen Erklärungshilfe zur Deutung der Symptome. Dies ist die Aufgabe von Theorien.

Immer wenn Erklärungen für Symptome oder Vorschläge für eine The-

---

6 Vgl. dazu auch Dietmar Schulte, Lilly Kemmler, Systematische Beobachtung in der Verhaltenstherapie. In: D. Schulte (Hrsg.), Diagnostik in der Verhaltenstherapie. München-Berlin-Wien[2] 1976, 152–195, 175.

rapie gemacht werden, steht eine Theorie dahinter, auch wenn dies nicht ausdrücklich dargelegt wird.

Theorien können die Wirklichkeit erklären, aber nie vollständig. Jede Theorie sieht einen bestimmten Ausschnitt der Wirklichkeit und sieht ihn nach ihrer Art.

Mit Verhaltensstörungen beschäftigen sich die Tiefenpsychologie in ihren Variationen und die Lernpsychologie, die eine Reihe von unterschiedlichen Theorien bildet. In diesem kleinen Band können nicht alle diese Theorien ausgeführt werden. Wir beschränken uns auf solche, die u. E. Erziehern helfen können im Verstehen und in der Behandlung der Kinder.

Eine weitere Theorie wäre die der frühkindlichen Hirnschädigung. Solche Schädigungen werden, wenn sie nur gering sind, kaum erkannt und können von Erziehern nicht erkannt werden, wirken sich aber auf Verhaltensstörungen aus. Sie sind daher einzukalkulieren, wo ein Fehlverhalten mit normalen Mitteln nicht abgebaut werden kann. Auf diese Schädigung kann hier nur ganz kurz eingegangen werden.

Ursachen und Therapie von Verhaltensstörungen aus der Sicht verschiedener Theorien

Die beiden grundlegenden Theorien zur Erklärung von Verhaltensstörungen und zu deren Therapie, die Tiefenpsychologie und die klassischen Lerntheorien, sind etwa um die gleiche Zeit entstanden, erstere im deutschsprachigen Raum, letztere in Rußland und vor allem in den USA. Deshalb hat in Deutschland die Tiefenpsychologie zuerst Einfluß gewonnen, während die auf den Lerntheorien aufbauende Verhaltenstherapie erst langsam in den späten 60er und vor allem in den 70er Jahren bei uns Fuß fassen konnte. Mit der Erklärung von Fehlverhalten durch frühkindliche Hirnschädigung befaßt sich die Psychiatrie und die Psychologie ebenfalls erst in jüngerer Zeit.

1. Die tiefenpsychologischen Theorien

Die Tiefenpsychologie, begründet von Sigmund Freud (1856–1939) verzweigt sich heute in mehrere Richtungen, die, außer der Psychoanalyse, mehr oder weniger von Freud abweichen.

1.1 Grundlegende Aussagen Freuds

Freuds Entdeckung war die Existenz eines seelischen Unbewußten und dessen Dynamik. Er versteht das Seelische in drei nicht absolut abgrenzbaren Schichten oder Instanzen.

1.1.1 Die Instanzenlehre

Das „Es“ ist eine Instanz des Unbewußten, die die Triebe, d. h. die ursprünglichen seelischen Energien „enthält“, die eine zentrale Erregung im Menschen bewirken und ihn damit zum Handeln treiben. Außer in ihrer ursprünglichen, d. h. genetisch bedingten Form, enthält das *Es* diese Triebe auch als verdrängte. In diesem Fall entwickeln sie eine eigene Dynamik.

Das „Ich“ ist die Instanz, die den Bezug mit der Realität herstellt. Es ist die sog. bewußte Instanz, das denkende, planende, entscheidende System. Das *Ich* kann die Befriedigung abschätzen und zeitlich ordnen.

Jedoch sind große Teile des *Ich,* wie Freud es versteht, unbewußt. Diese erzeugen Abwehrmechanismen gegen das *Es,* wenn dieses zu stark wird und mit der Realität nicht vereinbare Impulse entwickelt und dabei der bewußte Teil des *Ich* die Triebbefriedigung nicht zu regeln oder den Triebverzicht nicht zu leisten vermag.

Das „Über-Ich" ist die moralische Instanz, deren Inhalte von der Umwelt, und zwar den primären Bezugspersonen, übernommen werden. Es unterstützt das *Ich* in der Abwehr des *Es.* Allerdings kann auch das *Über-Ich* so stark werden, daß das *Ich* Abwehrmechanismen dagegen entwickelt.

Während das *Es* ursprünglich das Ganze des Seelischen ausmacht, entwickelt sich das *Ich* aus dem *Es* ab dem 6. bis 8. Lebensmonat und ist mit zwei bis drei Jahren deutlich zu erkennen. Das *Über-Ich* beginnt sich nach dem 3. Lebensjahr zu entwickeln und ist vielleicht erst im Alter von zehn bis elf Jahren fest ausgeprägt.

1.1.2 Grundannahmen

Die beiden Grundannahmen von S. Freud sind einmal die Determiniertheit des menschlichen Handelns und die außerordentlich eingeschränkte Bewußtheit des Menschen in seinem Handeln. Zwar bezeichnet er das *Ich* als Träger der Handlungen, doch erleidet es die Dynamik des *Es,* bzw. die Kontrolle des *Über-Ich* teilweise so stark, daß ein bewußtes Steuern seines Verhaltens für den Menschen dann nicht möglich ist.
Das zentrale Thema bildet der Ödipuskonflikt. Freud behauptet, jeder Junge möchte mit etwa 4 Jahren am liebsten seine Mutter heiraten (sich mit ihr sexuell betätigen) und daher den Vater, der ihm dabei im Weg steht, beseitigen. Freud bezieht sich dabei auf die griechische Sage von Ödipus. Gelöst wird dieser Konflikt vom Kind durch die Identifikation mit dem großen Rivalen Vater (bzw. bei Mädchen mit der Mutter). Dadurch wird das *Über-Ich* aufgebaut.

1.1.3 Die Libido

Der ursprünglich von Freud als einziger angenommene Trieb ist die *Libido* (= Drang, Begierde), verstanden als Sexualtrieb. Er bedeutet bei Freud zunächst ganz allgemein *Luststreben.* Später nahm er den Aggressionstrieb dazu und verstand unter Libido beides. Nach seiner Ansicht gibt es keine Triebhandlung, in der nicht Sexualität und Aggression zusammen beteiligt sind, wenn auch zu verschiedenen Teilen. In der Zärtlichkeit liegt, so Freud, immer ein gewisser Anteil an Aggression, und selbst der grausamste Akt bringt dem Täter noch eine gewisse (sexuelle) Lust.

Die Libido entwickelt sich in Phasen: Etwa während der ersten 1½ Lebensjahre ist der Mund (lat. os) und der Bereich um den Mund die Zone, in der das Kind Lust empfindet (orale Phase), während sich in den nächsten 1½ Jahren die lusterregende Zone auf den anderen Teil des Ernährungstraktes, den Anus, verlegt (anale Phase). Gegen Ende des 3. Lebensjahres beginnen die Genitalien die führende Rolle im Lustgewinn zu übernehmen (phallische Phase). Nach dieser Zeit tritt eine Latenzperiode ein, in der sich das Kind der Welt zuwendet. Erst in der Pubertät treten die partiellen Sexualtriebe wieder auf und verschmelzen sich zur reifen Sexualität.

Die typischen Gefahrensituationen, die nach der Meinung Freuds nacheinander im Leben eines jeden Kindes auftreten, ist der *Objektverlust* (in der oralen Phase), der *Verlust der Liebe* (in der analen Phase) und der *Verlust des Penis* in der phallischen Phase).

Durch Versagung der Triebbefriedigung oder Beurteilung der Triebe als „böse" bildet das noch sehr schwache Ich des Kindes Abwehrmechanismen. Diese sind vor allem Angst, die das Ich befähigt, Triebwünsche in Schach zu halten; Verdrängung, Regression auf eine frühere Stufe, Projektion, d. h. Hineinverlegen eigener Wünsche in andere Menschen. Diese Mechanismen können schädigend auf die seelische Entwicklung wirken; weiter Kompensation und Sublimation. Letztere verstand Freud ursprünglich als Gegenstück zu den Abwehrmechanismen. In der Sublimierung benützt der Mensch seine Triebenergien, um kulturelle Leistungen hervorzubringen und sich adäquat an die Umwelt anzupassen[1].

1.2 Der Beitrag der Individualpsychologie

Alfred Adler (1870–1937) setzte sich 1911 von der Psychoanalyse ab. Bei ihm steht nicht der Trieb im Vordergrund, auch wenn man behauptet, Adler hätte den Machttrieb in Abhebung vom Sexualtrieb als die seelische Energie des Menschen verstanden. Adler geht aus vom Erleb-

1 Vgl. zur Psychoanalyse:
Charles Brenner, Grundzüge der Psychoanalyse. Frankfurt a. M., 1977;
Annemarie Dührssen, Psychotherapie bei Kindern und Jugendlichen. Göttingen[5] 1973.

nis der Organminderwertigkeit: körperliche Mißbildungen, Beeinträchtigung der Sinne und der Funktionstüchtigkeit der Organe. Daraus würden sich Minderwertigkeitsgefühle ergeben, die inadäquat verarbeitet, zu Neurosen führen können.

Aber auch der organisch gesunde Mensch kann Minderwertigkeitsgefühle entwickeln, bedingt durch seine soziale Stellung: die Unterlegenheit der Frau gegenüber dem Mann (was Freud auf den Penisneid zurückführt), der Machtlosen gegenüber den Mächtigen. Ein Machtstreben würde der Mensch hier sekundär entwickeln aus dem Verlangen heraus, seine Minderwertigkeit zu überwinden.

Die individualpsychologische Therapie will dem Menschen seine falschen Wege nach oben aufzeigen, vor allem seine dysfunktionalen Lebensrollen (Rolle des Versagers, Märtyrers, Rebellen, sonny boys). Das starke Verlangen zu gelten, das in diesen Lebensrollen nach Ansicht der Individualpsychologie sichtbar wird, dürfte zur späteren Formulierung eines Machttriebes geführt haben. Die Reaktion in diesen Rollen ist stets weniger durch das Bewußtsein geleitet als durch Mechanismen ausgelöst. Somit hat das Unbewußte, das bei Adler wenig Beachtung findet, auch in der Individualpsychologie seine Bedeutung.

Weitergeführt wurde die Individualpsychologie von F. Künkel und L. Seif. Künkel sieht in der Neurose ein Herausfallen aus dem Ur-Wir, der ursprünglichen Mutter-Kind-Gemeinschaft (vgl. Freud: Objektverlust), dem Modell jeder menschlichen Gemeinschaft. Deshalb wird durch Gruppentherapie Hinführung zur Gemeinschaft versucht. Seif dagegen meint, das Kind könnte durch die Ermutigung seine Schwierigkeiten überwinden[2].

Nach der Individualpsychologie könnte man Manuels Verhalten (s. oben S. 18 f.) als falsche Wege nach oben deuten. Er erlebt sich als Waffe seiner Mutter gegen den Vater, somit als eine Sache, nicht als Person. Dies erzeugt in ihm Minderwertigkeitsgefühle. Er will zeigen, daß er jemand ist, weil er etwas kann (Sprossenwand), daß er mächtig ist (Aggressivität). Damit glaubt er auch Liebe gewinnen zu können (Hand auf den Kopf gelegt zu bekommen). Auch die Zuneigung und Anerkennung seiner Kameraden sucht er auf falschem Weg: durch Beweis seiner Stärke (Aggression), durch Freigebigkeit, Verschenken von Süßigkeiten. Man

2 Vgl. zur Individualpsychologie:
Alfred Adler: Praxis und Theorie der Individualpsychologie. Frankfurt a. M. 1977.
Ders., Die Technik der Individualpsychologie. Erster Teil: Die Kunst, eine Krankengeschichte zu lesen. Frankfurt a. M., 1974;
Brigitte Eckstein: „Spielanalyse“ in der individualpsychologischen Therapie und Beratung. In: Zeitschrift für Individualpsychologie 4/1979, München-Basel, 39–42.

müßte ihm also diese falschen Wege einsichtig machen und ihm richtige aufzeigen.
Daß auch Ulrike (s. oben S. 11) keinen Freund gewinnen kann, zeigt, daß auch ihre Aggressivität ein falscher Weg ist.

1.3 Die Berücksichtigung der sozialen Umwelt in der Tiefenpsychologie

Harald Schultz-Hencke (1892–1953) versuchte eine Synthese von S. Freud, A. Adler und C. G. Jung. Bei ihm geht es nicht um den Kampf zwischen Es, Ich und Über-Ich wie bei Freud. Er sieht vielmehr den Trieb als bereits von der Umwelt modifizierten. Während Freud die Neurosenentstehung als Folge von Verdrängung, Fixierung bzw. Regression auf eine frühere Stufe versteht, erklärt sie Schultz-Hencke als durch Härte oder Verwöhnung verursacht. Die neurotisierende Wirkung der Verwöhnung ist ein von Schultz-Hencke in die Tiefenpsychologie eingebrachter Aspekt[3].
Eric Erikson, geb. 1902, emigrierte 1933 in die USA. Sein eigenständiger Beitrag zur Psychoanalyse ist die Einführung der sozialen Dimension, unter der er nicht nur die emotional besetzte Bezugsperson versteht, sondern die gesamte Struktur des sozialen Gefüges. Er stützt sich dabei auf kulturanthropologische Untersuchungen. Nach ihm führt die psychosexuelle Entwicklung zu sozialen Krisen. Aber nicht nur die Umwelt wirkt auf die Entwicklung des Kindes (sei es durch Unterdrükkung: Freud, sei es durch Härte oder Verwöhnung: Schultz-Hencke), auch das Kind wirkt durch seine Krisen verändernd auf die Umwelt, die dann neue soziale Krisen im Kind auslöst.
Das Ich versteht er nicht als aus dem Es entwickelte defensive Instanz diesem gegenüber, sondern unter dem Aspekt der aktiven Funktionen und der Identitätsfindung, d. h. der wachsenden Fähigkeit, sich bewußt zu sein, daß man trotz Veränderung man selbst bleibt und das ist, was auch die anderen von einem halten.

---

3 Vgl. Reinhart Lempp, Frühkindliche Hirnschädigung und Neurose. Die Bedeutung eines frühkindlichen exogenen Psychosyndroms für die Entstehung kindlicher Neurosen und milieureaktiver Verhaltensstörungen. Bern-Stuttgart-Wien[3] 1978, 15;
Siegfried Elhardt, Tiefenpsychologie. Eine Einführung. Stuttgart[6] 1978.
Der Psychoanalytiker Horst-Eberhard Richter macht in seinem Buch „Eltern, Kind und Neurose. Die Rolle des Kindes in der Familie“, Reinbek bei Hamburg[6] 1972 Schultz-Hencke wegen der Einbeziehung der Umwelteinflüsse den Vorwurf einer „behavioristischen“ Abweichung von der Psychoanalyse. Er selbst aber weist in seinem Buch gerade den neurotisierenden Einfluß einer falschen Erziehung nach, wenn auch unter anderem Aspekt als Schultz-Hencke.

Die Entwicklungsphasen beschreibt Erikson über das ganze Leben hin 4).

1.4 Die Entwicklung der Libido

Um Verhaltensstörungen aufgrund tiefenpsychologischer Einsichten deuten zu können, muß aufgezeigt werden, in welchen Phasen bestimmte Schädigungen auftreten können. Die heutige Form der Phasenlehre umfaßt neben der Triebentwicklung auch die Entwicklung der sozialen Beziehungen, wie Schultz-Hencke sie in seiner Neo-Psychoanalyse mit aufgenommen hat, sowie die Ausgliederung der Ich- und Über-Ich-Funktionen. Die hier verwendeten Phasenbezeichnungen sind die von Schultz-Hencke.

1.4.1 Intentionale Phase

Das Kind ist von Anfang an auf sozialen Kontakt angewiesen. Die Hinwendung zur Welt, die Bindung an Menschen lernt es durch die Bindung an die Mutter. Es ist besonders empfindlich gegen das unbewußte Verhalten der Mutter.

Bedeutung dieser Phase

Hinwendung zur Welt durch Schutzsuchen, sich Geborgen-fühlen-Können, „daheim". Erkennen-, Nachahmen-, Sich-binden-Können. Wichtig ist der Hautkontakt, das Sich-anklammern-Können. Nur dann bildet sich das Urvertrauen, eine Lust an der Welt. Dies ist sehr wichtig für die spätere Liebesfähigkeit, auch für die kognitiven Fähigkeiten.

Störungsmöglichkeiten und ihre Folgen

Verlust der Mutter, Ablehnung, ungenügende Zuwendung. Verlust der vertrauten Umwelt durch Umzug, neue Möbel: Die Welt wird blasser. Kinder schreien erst, suchen dann Ersatzobjekte (Stoff- und Felltiere), schlagen, kraulen, kratzen sich, drehen Locken um den Finger und fahren sich damit über die Nase (Streicheln), reißen die Haare dann aus („Ihr betrügt mich, liebt mich ja nicht"). Manipulation an Geschlechtsteilen. (Im Buch über Summerhill berichtet Neill, daß er seine kleine Tochter selbstverständlich onanieren ließ. Das Wort, das die Kleine

---

4 Vgl. Hanns Martin Trautner, Lehrbuch der Entwicklungspsychologie, Bd. 1, Göttingen 1978, 268–274.

dafür gebrauchte, war bezeichnenderweise „ankuscheln". – Dieser Ausdruck zeigt, daß es um eine Ersatzhandlung geht, die nicht notwendig ist, wenn das Kind in dieser Phase die nötige Zuwendung erfährt.)
Es entsteht tiefes Mißtrauen, große Empfindlichkeit, Projektionsneigung. (Der Projektor wirft die Bilder, die er in sich hat, an die Wand und zwar vergrößert.)
Es kann zur Funktionsschwäche des Erkennens und Unterscheidens kommen (erst der Mutter von anderen Menschen, dann der Dinge). Besondere Schwierigkeiten entstehen bei der Ganzwortmethode, die differenziertes Erkennen fordert. – Keine Bindungsfähigkeit. – Gleichgewichtsstörungen.
Das sog. „physiognomische Weltbild" des Kindes hängt eng mit den Erlebnissen in dieser Phase zusammen.
Bei Freud und Erikson taucht diese Phase nicht auf. Die Entwicklung des Urvertrauens erscheint bei Erikson unter der „oral-respiratorischen Phase".

1.4.2 Oral-kaptative Phase

(oral von os = Mund, kaptativ = zupackend.) Sie verläuft zusammen mit der intentionalen Phase. Der Trieb des Einverleibens beherrscht das Kind („Säugling"). Befriedigung wird erfahren, wenn Hunger gestillt wird und sich gleichzeitig der Saugreflex abreagieren kann. (Weder Schlaraffenland noch Nagen am Hungertuch befriedigen.)

Bedeutung dieser Phase

Die Grundlage des Besitzstrebens wird geschaffen. Liebe wird erlebbar, wenn Hunger gestillt wird. (Die Liebe geht durch den Magen.)
Entwicklung des Emotionalen: Man kann die Welt aufnehmen und genießen. Sie wird dadurch unverlierbar.
Entwicklung des Kognitiven: Man kann sie bald „handhaben" und greifen und zunehmend be-greifen.
Erste Weltanschauung: Ob ein Mensch optimistisch oder pessimistisch wird, hängt ab von der Befriedigung in dieser Phase.
Erstmals wird eine moralische Ambivalenz erlebt: Mit der totalen Triebbefriedigung = „totalen Einverleibung" ist eine „totale Vernichtung" verbunden.

Störungsmöglichkeiten und ihre Folgen

Härte: Hungern lassen. Folgen: Erst Schreien, Suchen, dann Greifen nach Ersatzobjekten: Schnuller, Daumen, Bettzipfel, später nach Grashalm, Füller, Kaugummi; „überflüssige" Mundbewegungen.
Bei Fehlen emotionaler Zuwendung (wenn Mutter beim Stillen Kreuzworträtsel löst) bilden sich Sterotypien (= in gleicher Form wiederholte Bewegungen), vor allem Jactatio capitis (Kopfschaukeln) oder die Kinder weichen aus in Tiefschlaf.
Antriebslosigkeit: Es hat keinen Zweck, ich bekomm' doch nichts. Später machen sie aus der Not eine Tugend: Alle haben so viele Ansprüche, wie bescheiden bin ich doch! Sie können nichts wünschen, erwarten aber um so mehr passiv. Es kommt zu innerer Leere, Rückzug in sich. Wer nichts bekommt, kann später nicht geben. Es bildet sich Angst, etwas anzufassen.
Bei Verdrängung der Oralität wird sie oft in die Welt projiziert: Ich fordere ja gar nicht; die Welt fordert von mir. Wenn ich mich nicht ausbeuten lassen will, muß ich vorher angreifen. Angst, die Menschen fressen mich auf.
Verwöhnung: Wenn Mütter gleich laufen, wenn das Kind schreit, haben die Kinder später alle Wünsche. Wenn im Schnuller das Loch zu groß ist, kann sich der Saugreflex nicht abreagieren. Die Kinder trinken dann zuviel. Später werden sie süchtige Esser, Trinker usw. Oft entspringt Süchtigkeit auch aus einer nie voll erlebten Befriedigung (Wiederholungszwang).
Verwöhnung kommt oft aus einer Haltung der Mutter: „Bei mir hat es das Kind am besten, so etwas soll es nie wieder finden, dann bleibt es bei mir."
Oft werden die oralen Wünsche später durch den Druck des Über-Ich ins Unbewußte verdrängt und nicht mehr voll erlebt. Dann entstehen Selbstbestrafungstendenzen oder Aufopferung, Lust am Leiden. Der neurotische Mensch kann nicht echt verzichten und nicht echt nehmen. Oft entsteht überbetonte Leistung, um zu beweisen, daß man nichts von anderen erwartet.

Erikson spricht von einer „oral-respiratorischen Phase", in der es um das Einverleiben, später das Beißen geht. Die psychosoziale Funktionsweise dieser Phase besteht im Empfangen und Geben. („Ich bin, was mir gegeben wird.") In dieser Phase entwickelt sich das Urvertrauen, bzw. bei Störung das Urmißtrauen. Erikson weist deutlich darauf hin, daß wirkliches Vertrauen nur auf der Grundlage des Glaubens, der Religion erwachsen kann.

1.4.3 Anal-retentive Phase

(anus = After, retentiv = zurückhaltend). Zunehmende Körperbeherrschung, Reinlichkeitserziehung. Mehr Konfliktmöglichkeiten.

Bedeutung dieser Phase

Zwiespalt zwischen Sich-gehen-lassen-Wollen und Sich-beherrschen-Sollen, Schenken-Sollen und Zurückhalten-Wollen. Wichtig für das Besitzstreben: Wenn ich auch nichts bekomme (orale Phase), kann ich doch behalten, was ich habe. Habe ich genug, kann ich geben. Oder: Ich darf nichts behalten, werde ausgebeutet.
Kot ist wertvoll, denn Kot = Gold = Geld (Esel streck dich). In Babylon galt Gold als Kot der Hölle, bei den Inkas als Götterkot.
Stuhl = worauf man sitzt, was man be-sitzt.
Ambivalenz (Doppelwertigkeit): Bin ich gut oder bös? Ist das, was aus mir kommt, gut oder bös? Daraus folgen Entscheidungsfreude oder Unentschiedenheit.
Möglichkeit zur Aggression (Zurückhalten und dann in die Wäsche hergeben). Kind sitzt auf dem „Thron“ seiner Macht. So kann sich positiver Eigenwille entwickeln oder es kommt zum verschobenen Trotz: alles im letzten Moment tun, grundsätzlich zu spät kommen.
Das Kind erlebt, daß es etwas „machen“ kann, etwas ausdrücken.

Störungsmöglichkeiten und ihre Folgen

Bei zu früh oder zu schnell durchgeführter Reinlichkeitserziehung kommt es oft zu Einnässen und Einkoten.
Wenn die Mutter die Nase rümpft, entsteht mangelnde Freude am Körperlichen. Später kann Verachtung des Unterleibs zu Potenzstörungen führen. Arbeitshemmung = Produktionshemmung („Ich mache nur Mist.“)
Wenn die Mutter bei vorübergehender Verstopfung gleich mit Einlauf droht, erlebt das Kind, daß sie eingreifen kann, daß es ausgeliefert ist. Später können solche Kinder nicht Nein sagen, zeigen Kadavergehorsam. Oder es zeigt sich eine Überbetonung des Zurückhaltens, da sonst alles verloren ist: Geiz, grundsätzliche Neinsager, Stotterer (können die Worte nicht hergeben). Es entsteht Unordentlichkeit oder Pedanterie. Überbetonung des Analen kann zu Homosexualität führen. Abreaktion ist möglich durch verbalsadistische („grobe“) Ausdrücke. Später kann es zu Sublimation kommen: leidenschaftliche Sammler, Bankiers.

1.4.4 Motorisch-aggressive Phase

Zunehmende Raumbeherrschung, Eigenmachtgefühl.
Naiv-spontane Aggression: = aktiv: Objekt soll zu handhaben sein.
Defensive Aggression: = reaktiv: Objekt zurückweisen, da es schadet.
Destruktive Aggression: = reaktiv: Objekt muß, da es schadet, vernichtet werden.

Bedeutung dieser Phase

Ablösung von der Mutter, Erkämpfen des Ich, sich von anderen unterscheiden. Nur auf dem Boden der Bindung kann beim Menschen der Aggressionstrieb gesund und nicht übersteigert entfaltet werden. Wo eine Loslösung nicht nötig ist (weil die Bindung fehlt), entsteht keine Antriebsspannung. Nur Gebundenheit fordert dazu heraus, aber nur mit Hilfe der Bindung gelingt Ablösung, ohne äußerste Grenzen zu überschreiten, hinter denen das Chaos stünde.
Jetzt können leicht kleine Konkurrenten (kleine Geschwister) kommen.

Störungsmöglichkeiten und ihre Folgen

Bei Strafe (Härte) entsteht Ausweichen, bei Gewähren (Verwöhnung) reizen die Kinder immer wieder. „Auf-Watte-Stoßen“ erhöht die Aggressivität (antiautoritäre Erziehung).
Enge Wohnung führt zu Stauung, Ärger, Gereiztheit, mit Schuldgefühlen getönt. Mit der Zeit entsteht Niedergeschlagenheit (Ich darf andere nicht niederschlagen, bin es dann selbst), Mangel an Schlagfertigkeit, Unsicherheit in der Motorik, Haß. Wird er verdrängt, kommt es zu Heimtücke, Rücksichtlosigkeit, Zerstörungswut. Oder es entsteht andressierte Fügsamkeit, nervöse Unruhe, Angst.
Verstümmelt zeigt sich erhöhte Stauung in Gesichtstics, Schulterwetzen, Dauertrotz. Entfällt das Trotzen ganz, kann Mutterbindung bleiben, Duckmäuserei, Übergehorsam entstehen, Radfahrerhaltung, Strebertum, Sadismus (Angst, sich an Stärkeren zu messen). Es kann auch zu Zwangsneurosen kommen: Mangel an Spontaneität, sogar epileptische Formen, Amoklauf, Schizophrenie (Motorik scheint eingefroren).
Später ist Sublimierung möglich durch Sport, gesunden Ehrgeiz. Gelingt Sublimierung nicht, kann Ordnen, Waschen, Putzen, Teilentlastung bringen (Kompensierung).

Untergruppe: Urethrale Phase

(urethra = Harnröhre). In dieser Phase gibt es zwei Erlebnisunterschiede:

- Harnlassen mit Gefühl des Laufen-lassen-Könnens, Sich-Verströmens. Das hat etwas zu tun mit Sich-anvertrauen-Können, Lieben. Bei Bettnässern rutscht im Schlaf der Hingabewunsch aus.
- Später hat diese Phase auch aggressiven Aspekt: nach vorn aggressiv sein können (im Gegensatz zur analen Phase): Geltungsstreben, Ehrgeiz.

Phallischer Stolz entsteht bei Jungen, bei Mädchen Penisneid. Das zeigt sich dadurch, daß sie gern Fransen oder anderen Kindern Haare abschneiden. (Die brauchen das nicht, mir fehlt ja auch etwas.)

Erikson unterscheidet nicht zwischen einer analen und einer aggressiven Phase, sondern spricht von der „anal-urethral-mukulären“ Phase, deren psychosoziale Funktionsweisen im Behalten und Hergeben bestehen („Ich bin, was ich will“). Hier liegen die Anfänge der Selbständigkeit. Eine psychosoziale Krise kann ausgelöst werden durch die Autonomiebestrebungen des Kindes, die auf Verlangen von Gehorsam stoßen, durch den Kampf zwischen Fremd- und Selbstkontrolle, zwischen dem Gefühl der Allmacht und dem Zwang der Unterwerfung. Freud spricht nicht von einer aggressiven Phase, da bei ihm die Aggression ein Teil der Libido ist und in der analen Phase sich stärker zeigt. Die urethrale Phase ist bei Freud Teil der phallischen.

1.4.5 Phallische Phase

(phallus = männliches Glied). Phase des kindlichen Liebes- und Sexualstrebens. Nachdem die Selbsterhaltung gesichert ist, meldet sich der Trieb der Fortpflanzung.

Bedeutung dieser Phase

Bewußtes Erleben des Geschlechtsunterschiedes. Das Kind muß sich damit abfinden, daß es nicht Mann und Frau zugleich sein kann. Sonst wird keine Kausalität begriffen. Ausdehnung der Neugier. Der Ödipuskonflikt tritt auf und muß verarbeitet werden.
Gewinn an Liebe hilft über die Schwierigkeiten hinweg. Das Kind kommt aus der engen Mutterbindung zur Dreier-Gruppe: Kind – Mutter – Vater. Jetzt bildet sich das Über-Ich aus und wird endgültig konstituiert.

Störungsmöglichkeiten und ihre Folgen

Steckenbleiben im Ödipuskonflikt führt zur Fixierung an den andersgeschlechtlichen Elternteil. Geschwisterbindung kann als Verschiebung dieses Konflikts entstehen.

Es kommt zu mangelndem Ichkern. Solche Menschen reagieren auf den Augenblick, nehmen die Realität nicht an, vermeiden jede Schuldeinsicht. Bei Tabuierung des Sexuellen bleibt magisch-abergläubischer Weltbezug. Gefühle schlagen extrem um, die Stimmung wird narzißtisch getragen (Narzißmuß = Verliebtheit in sich selbst): „Ich bin so traurig und das genieße ich." Wenn der Hingabewunsch mißglückt, sind solche Menschen besonders extravertiert (nach außen gerichtet), distanzlos.

Wenn der Ödipuskonflikt nicht gelöst wird, kommt es zu mangelnder Über-Ich-Funktion. Solche Menschen probieren dann immer, wie weit sie gehen können und gehen meist zu weit.

Möglichkeit einer Konversionshysterie: Diese Menschen haben besondere Fähigkeit, seelische Probleme, die nicht voll bewußt erlebt werden, symbolisch in den Körper hineinzubilden, ein-zubilden. – Angst, in engem Raum mit vielen Menschen zusammen zu sein. – Kontaktstörungen, irreale Phantasie.

Scharfes Zurückweisen führt zu Einsamkeit, Onanie. Gestörte Ehen („Aprilklima") bewirken Aufdringlichkeit des Kindes.

Bei Verdrängung der Neugierde kommt es zu Lernschwierigkeiten: Nicht denken dürfen, kein Verstehen der Kausalität. Dann gibt es große Schwierigkeiten im Rechnen.

Erikson bezeichnet diese Phase als „infantil-genitale". Die ihr entsprechende psychosoziale Funktionsweise ist das Etwas-Machen, Nachmachen („Ich bin, was ich sein will"). Es ist die Zeit des Experimentierens, Wetteiferns. Eine psychosoziale Krise kann ausgelöst werden durch den Widerstreit von Initiative und Schuldgefühlen, durch die ödipale Situation, d. h. die Rollenübernahme, die zur Rivalität mit dem gleichgeschlechtlichen Elternteil führen kann.

1.4.6 Die Latenzperiode

Mit der Überwindung des Ödipuskonflikts wendet sich das Kind der sachlichen Umwelt zu. Es will lernen, will groß und tüchtig werden wie der Vater (bzw. die Mutter). Das Über-Ich hilft dem Ich in der Triebabwehr dadurch, daß es dies veranlaßt, die Abwehrmechanismen zu stabilisieren. Das Über-Ich übernimmt während der Abwesenheit der Eltern die moralische Kontrolle.

Diese Latenzperiode wird häufig gestört durch sexuelle Stimulierung

(Kinderzeitschriften, Filmplakate usw., aber auch Sexualkundeunterricht – als ob Sexualität eine Sache des Wissens und Könnens und nicht eine Sache der Liebesfähigkeit wäre!). Aber auch falsch verstandene Freizügigkeit mancher Eltern, von der das bereits angeführte Buch von Chr. Meves über „Manipulierte Maßlosigkeit“ geradezu erschreckende Beispiele liefert, bringt Kinder in ernstliche Schwierigkeiten (vgl. oben S. 16). Sollte die Latenzperiode tatsächlich die ihr von Freud zugeschriebene Bedeutung für die weitere Entwicklung haben, könnte ihre Verhinderung schwer schädigend wirken. Erzieher sollten sich dies in eigener Verantwortung überlegen.

Erikson versteht die „Latenzphase“ als die Zeit, in der es um ein geistiges Eindringen in Dinge, also um Begreifen, geht. Die psychosoziale Funktionsweise besteht in der gewinnenden Herrschaft über Dinge („Ich bin, was ich lerne“). Durch mangelnde Lernfähigkeit können Minderwertigkeitsgefühle auftreten.

1.4.7 Die genitale Phase

Sie beginnt etwa mit 10 Jahren, bedingt durch hormonale Einflüsse. In dieser „Sturm- und Drangzeit“ erwachen die Partialtriebe neu. Ist das Ich inzwischen nicht stark genug geworden, erliegt das Kind den übermäßigen Forderungen des Es. Zugleich erleidet es die Bestrafung durch das Über-Ich. Dies kann so weit führen, daß diese Bestrafung immer wieder gesucht wird in neuem Nachgeben gegenüber dem Trieb (Wiederholungszwang). Gleichzeitig können aber auch früher ungelöste Konflikte wieder erlebt und durch ein nun stärkeres Ich gelöst werden.

Nach Erikson ist die „genitale Phase“ die Zeit, die über die Selbstfindung entscheidet.[5]

1.5 Erklärung von Verhaltensstörungen aufgrund gestörter Libidoentwicklung

Wenn in der Libidoentwicklung Kinder geschädigt werden können, wie die Tiefenpsychologie sagt, dann müßte ein ganz bestimmtes Fehlverhal-

---

5 Vgl. zur Libidoentwicklung:
S. Elhardt, a. a. O., 63–96;
Christa Meves, Verhaltensstörungen bei Kindern. München[2] 1972;
zu Erikson:
M. Trautner, a. a. O., 273;
Erik H. Erikson, Wachstum und Krisen der gesunden Persönlichkeit. Beiheft zur Psyche 1969, 5–63.

ten auf eine Schädigung während einer bestimmten Phase zurückzuführen sein. Nehmen wir dazu das Beispiel Manuel (s. oben, 18 f.).

Was bei *Manuel* am stärksten auffällt, ist einerseits seine Aggressivität und sein Leistungsstreben, andererseits seine übertriebene Liebesbedürftigkeit.
Man müßte also die Störung bereits in der *intentionalen Phase* vermuten: Manuel erfuhr nicht genügend Liebe. Darum bedeutet es ihm so viel, wenn die Erzieherin ihm die Hand auf den Kopf legt (Hautkontakt), darum ist er für Argumente nicht zugänglich. Er kann nicht bejahen, weil er selbst nicht bejaht wurde, kann nur ablehnen. Deshalb machen ihm auch die Schläge der Mutter wenig. Sie treffen ihn nur körperlich, seelisch hat er seine Mutter längst verloren, vielleicht nie richtig besessen. Denn einen Menschen, den man liebt, kann man nicht als Waffe gegen einen anderen benutzen. Aber die Liebe der Erzieherin besitzt er, und die darf er auf keinen Fall verlieren.

In der *analen Phase* hat Manuel die Erfahrung gemacht, daß er durch Leistung Liebe oder wenigstens Anerkennung erwerben kann: Man bekommt nicht zuerst *(orale Phase),* man muß zuerst geben. Aber wenn man gibt, etwas leistet, bekommt man Anerkennung. Also überwindet er seine Angst, z. B. auf der Sprossenwand, und wird aggressiv, wenn jemand seine Leistungsfähigkeit anzweifelt. Er ist freigebig, aber nur, um sich Freunde zu kaufen. Seinen Eltern will er nichts geben (vgl. Baum mit Kirschen). Auch dies läßt darauf schließen, daß er von ihnen nicht bekommen hat, was er gebraucht hätte. Von seinen Kameraden ist er wenig angenommen wegen seiner Aggressionen. Aber er ist darauf angewiesen, geliebt zu werden. Darum muß er sich rächen und aggressiv sein. Wenn sie ihn schon nicht mögen, sollen sie ihn wenigstens fürchten und dadurch anerkennen. So kommt er in einen Teufelskreis.

Noch wirbt Manuel um Liebe, noch strengt er sich an, um durch Leistung Anerkennung zu finden. Wird er es in Jahren noch tun? Es kommt darauf an, welches Verständnis ihm Lehrer und evtl. Erzieherinnen im Hort entgegenbringen.

Ein deutliches Beispiel für eine gestörte Libidoentwicklung bietet uns

Claudia, 13 Jahre, Mutter taubstumm und geistig behindert, Vater unbekannt, Großmutter (hauptsächliche Bezugsperson) ist Rentnerin, aber noch berufstätig. Heimeinweisung (mit 12 Jahren) wegen wiederholten wochenlangen Schulschwänzens und wegen Stehlens.

Auch bei Claudia liegt eine Störung in der *intentionalen Phase* vor: sie ist unfähig, echte Bindungen aufzubauen. An eine Erzieherin war sie fixiert, konnte deren Ausscheiden aus dem Heim nicht verkraften. Sie schrieb sich deren Namen auf alle Kleidungsstücke, auf Hände und Beine, ahmte deren Redewendungen und Gesten nach. Auf andere Erzieherinnen hörte sie nur, soweit sie diese im Einklang mit der jener wußte.

Ihr überstarkes Besitzstreben kann auf ein Versagen in der *oralen Phase* und zusätzlich in der *analen* zurückgeführt werden. Materieller Besitz ist Zeichen ihres Eigenwertes. Von ihrem Onkel erhält sie so ziemlich alles, was sie möchte

(Radiorekorder, Plattenspieler mit Stereoanlage usw.), zur rechten Zeit aber auch Schläge. Die Gaben sind nicht Liebesbeweis, sondern -ersatz.

Auf eine Schädigung in der *analen Phase* muß ihr auffallend unordentliches Äußere, ihre Leistungsunwilligkeit, Begeisterungsunfähigkeit und ihre Ablehnung jeder Verantwortung zurückgeführt werden. Sie spielt nur Spiele, die keinerlei Anstrengung und Einsatz fordern. Ihre Freizeitbeschäftigung ist Plattenhören (Passivität). Ihre Ich-Funktionen sind mangelhaft entwickelt.

In der *phallischen Phase* hatte sie weder einen Vater, den sie umwerben konnte, noch eine rivalisierende Mutter. Deshalb hat sie den Weg über die Dreiergruppe zur größeren nicht gefunden. Sie kann nur an höchstens zwei Personen hängen, denen sie sich dann fraglos ausliefert. Eine normale Beziehung zu einem *Du* kann sie nicht herstellen.
Sie konnte deshalb auch kein Über-Ich aufbauen. „Das ist mir doch egal", antwortet sie, wenn sie gemahnt wird. Sie ist nicht zum Nachdenken über sich zu bewegen, meidet jede Ruhe (braucht immer laute Musik). Sie ist nicht bereit zur Selbstkritik und findet alles, was sie tut, richtig. Gibt es Mißstimmigkeiten, läuft sie weg (einmal nur, weil sie auf andere Rücksicht nehmen und deshalb nicht Platten hören sollte). Sie lügt häufig. Ihre Begründung ist dann: „Zu mir war noch niemand ehrlich."
Der fehlende Realitätsbezug zeigt sich auch in einer gewissen Waghalsigkeit. Einmal, als sie weglief, fuhr sie z. B. am Abend per Anhalter nach München. Kurz vor der Heimeinweisung (mit 12 Jahren) fuhr sie einmal nachts um 10 Uhr mit dem Mofa auf der Autobahn.

1.6 Psychotherapie bei Kindern

Die Methode der Tiefenpsychologie ist (bei Freud, Schultz-Hencke, Erikson) die Psychoanalyse. Sie ist eine Methode für Erwachsene, denn sie setzt Krankheitseinsicht, wenigstens durchschnittliche, entwickelte Intelligenz, Steuerungsmöglichkeiten des Ich und die Fähigkeit zur Übertragung voraus. Dies ist zumindest beim Kleinkind nicht gegeben, bei größeren Kindern auch nur eingeschränkt. Außerdem spielt in der Erwachsenentherapie der Therapeut für den Klienten vor allem die Rolle eines Mediums, in das dieser seine früheren, ihm zum Trauma gewordenen Bezugspersonen hineinprojizieren kann, um dann seine unverarbeiteten Gefühle zu reaktualisieren und im Therapeuten abzureagieren. Das ist Voraussetzung für eine Heilung. Anders ist es bei der Kindertherapie. Hier spielt der Therapeut als Person, seine Teilnahme, sein Interesse eine große Rolle. Vielleicht kann man sogar sagen: In der Kindertherapie ist die Psychotherapie menschlich geworden.
Kindertherapie ist vor allem Spieltherapie, bei größeren Kindern zum Teil auch Gesprächstherapie. Bei Kindertherapie geht es nicht, wenig-

stens im allgemeinen nicht, um eine Erhellung der Probleme, sondern um ein Herausholen. Deshalb wird für die Kindertherapie auch weniger der Begriff „Psychoanalyse" verwendet. Gegenüber ihren Ursprüngen läßt die Spieltherapie den Kindern heute nicht mehr schrankenlose Freiheit. Man weiß inzwischen auch in der Psychotherapie um die Bedeutung einer Grenzsetzung für Kinder.
Selbstverständlich kann die Erzieherin nicht Psychotherapie im eigentlichen Sinn betreiben. Dazu bedarf es eines ausgebildeten Therapeuten. Trotzdem kann sie im Kindergarten, Hort und Kinderheim *im Sinn* der Tiefenpsychologie erfolgreich arbeiten.

1.6.1 Berücksichtigung der phasenspezifischen Störungen

Störungen können nur dort geheilt werden, wo sie aufgetreten sind: in der Auseinandersetzung mit der Umwelt. Sie sind immer an Personen geknüpft und können nicht durch Spieldinge allein geheilt werden.

- *Störungen in der oralen Phase:* Kinder müssen orale Wünsche angstfrei erleben können. Die Abwehr muß abgebaut werden. Es geht also darum, den Kindern zu geben, was sie gern essen, mit ihnen zu essen.
- *Störungen jn der intentionalen Phase:* Heilung ist nur möglich, wenn sich das Kind an *eine* Person binden kann. Kinder müssen Kennenlernen, Unterscheiden, Sich-Binden an einem einzigen Menschen nachvollziehend erlernen können. Im Kindergarten kann dies zu großen Schwierigkeiten führen. Wenn eine Erzieherin das Kind zu stark an sich bindet, wird es nicht schulbereit. Es würde ja die Trennung fürchten.
- *Störungen in der analen Phase:* Geben, ohne vom Kind zu fordern. (Nicht sagen: „Das schenke ich dir, aber du mußt dafür auch ganz brav sein.") Kneten, Sandspielen (mit Wasser vermengen lassen). Viel Liebe und Geborgenheit schenken, Freude am Geben wecken.
- *Störungen in der motorisch-aggressiven Phase:* Viel Bewegungsmöglichkeiten schaffen, Fußball, Boxen, Wasserplanschen, Nägel einschlagen lassen, auch mal Töpfe oder unbrauchbar gewordenes Porzellan zertrümmern lassen. Aber den Wert der Sachobjekte nicht überschätzen. Es ist letztlich nur der Mensch, der dem Menschen helfen kann. Das Kind von unangemessenen Schuldgefühlen befreien. Es muß sich abreagieren können (lustvoll angreifen) und doch Wider-

stand, Grenzen erleben. Besonders Kinder, die zu Hause auf Watte stoßen, brauchen solche Grenzen.

- *Störungen in der phallischen Phase:* Helfen zur Identifikation mit dem eigenen Geschlecht. Mit Kindern in diesem Alter (ca. 5 Jahre) kann man schon darüber sprechen. Fördern geschlechtsspezifischer Spiele, gesunder Rivalität. Lust am Entdecken wecken, Gemüt pflegen.[6]

1.6.2 Allgemeine Mittel, die Erzieher zur Verfügung haben

In der Tiefenpsychologie geht es immer um das Herausholen der Schwierigkeiten, nicht einfach um das Verlernen eines Fehlverhaltens. Wenn auch das Bewußtmachen bei Kleinkindern nicht angebracht ist, so können die Probleme doch unbewußt herausgeholt werden.

- *Austoben-Lassen* löst Verkrampfung und Aggression. Sandspielen, Wasserplanschen, Ton kneten, großflächiges Malen mit Fingerfarben. Kinder, die ihre Aggressionen ausleben dürfen, werden mit der Zeit ruhiger. Zugleich aber müssen sie so viel Geborgenheit erfahren, daß sie ihre Aggressionen (ihre Angst, ihre Hemmungen usw.) nicht mehr brauchen. (Verwöhnung bietet keine Geborgenheit!)

- *Spiel:* Im Spiel kann das Kind sich abreagieren (der Puppe heimzahlen, was es von der Mutter bekommen hat), kann es gefährliche Szenen wiederholen (Fernsehen) und sich dabei überzeugen, daß es nicht so gefährlich ist, daß man keine Angst zu haben braucht. Sich maskieren, hineinschlüpfen in eine Rolle kann zur Angstbewältigung führen. Da Stottern immer mit Angst verbunden ist, kann Maskieren auch zum stotterfreien Sprechen führen.
  Im Puppenspiel kann das Kind erleben, daß es doch immer noch jemanden gibt, der aus der Not hilft, daß man nie allein gelassen wird. In der Identifizierung mit dem Kasperl kann man selber alles überwinden. – Das Kind selbst mit den Figuren spielen lassen! Wichtig ist das Krokodil, das Figuren verschlingen kann.

- *Märchen:* Im Märchen erlebt das Kind (unbewußt), daß man in der Überwindung einer zu starken Mutterbindung das Leben meistern kann (Gretel mußte sich von der Hexe losmachen, dann bekam sie den Reichtum = Reife). Sicher versteht das Kind dies noch nicht, aber es erfährt es. Es erfährt auch, daß da, wo es sich von einer

---

6 Vgl. Chr. Meves, Verhaltensstörungen bei Kindern, München[2] 1972, bes. 80 f.

überstarken Mutter *(Großmutter)* nicht befreien kann, ihm geholfen wird.

Einem fünfjährigen Jungen drohte die Großmutter, daß die Mutter nie mehr nach Hause käme, weil er so bös sei. Das Kind erlitt einen Schock und sträubte sich, in den Kindergarten zu gehen. Es wurde gezwungen, aber es war dort nichts mehr mit ihm anzufangen. Eines Tages hörten die Kinder Märchenplatten. Als beim Rotkäppchen die Stelle kam, an der der Wolf die Großmutter fraß, kam das Kind spontan zur Erzieherin: „Jetzt geh' ich wieder gern in den Kindergarten und komm' auch jeden Tag ganz allein."

Im Märchen erfährt das Kind, daß das Gute zuletzt siegt, daß Fehler verziehen werden. Das Kind wird sich mit dem Helden identifizieren und erlebt so, daß diejenigen, die ihm Schlimmes wollen, bestraft werden. So können Ängste und Aggressionen überwunden werden. Dazu kommt, daß im Märchen auch die Triebbeherrschung angesprochen wird.

– *Zeichnen und Malen löst.* Es ist ein „Aussprechen" für das Kind. Ein schwer gestörtes Kind malt mit dunklen Farben. Dabei kann es das Bedrängende aus dem Unbewußten und Halbbewußten herausholen. Zugleich erfährt das Kind Erfolgserleben und gewinnt Sicherheit. (Wichtig gegen Aggression, Angst, Hervortun.)

  Wie Zeichnen Kindern helfen kann, ihre Probleme „auszudrücken" = herauszuholen, zeigt

  Alex, 6 Jahre. Sein Vater ist Trinker. Am Morgen hatte es schon schwere Auftritte gegeben. Im Kindergarten war Alex nicht ansprechbar. Nach einiger Zeit holte er sich ein Blatt Papier, einen schwarzen Malstift und malte den auf Seite 43 abgebildeteten Baum. Dann legte er die Zeichnung in seine Schublade, schloß sie und spielte.

  Gabi, 5;7 Jahre, wohnt mit ihrem älteren Bruder Gerd beim Vater, der für die Kinder sorgt, aber sehr jähzornig ist. Die Mutter, von der er geschieden ist, wohnt auf derselben Etage, kümmert sich aber nicht um die Kinder. Gabi stellt auf der Seite 43 abgebildeten Zeichnung dar, in welchem Bezug sie sich jeweils erlebt: Ihrem älteren Bruder gegenüber fühlt sie sich nicht klein. Aber Gerd ist wesentlich stärker (Hände auf der Zeichnung). Zu ihrer Mutter fühlt sie sich hingezogen. Ihr gegenüber braucht sie sich nicht zu wehren (kleine Hände). Von ihrem Vater rückt sie weg. Sie mag ihn, fürchtet sich aber vor seinem Jähzorn. Ihm gegenüber möchte sie sich wehren (auf dieser Zeichnung sind ihre Hände am größten).

– *Werken und Arbeit geben ebenfalls Leistungserfolg.* Dann hat das Kind nicht mehr nötig, sich Anerkennung zu erjagen, den Kasperl zu spielen, sich angreifend durchzusetzen. Schon der Umgang mit dem

In diese Zeichnung legte Alex seine Schwierigkeiten hinein.

So sieht sich Gabi in ihrer Beziehung zu ihren Angehörigen.

Werkmaterial kann Aggressionen abreagieren lassen. Arbeit verschafft darüber hinaus Selbstsicherheit, Selbstwertgefühl, hilft zur Sublimierung. (Für Kleinkinder ist Arbeit noch Freude.)

- *Rhythmik ist für jede Art von Störung geeignet.* Sie wirkt lösend (Trotz, Aggression, Angst, Gehemmtheit . . .). Hier erfährt das Kind Grenzen, die es sich ja selber noch nicht setzen kann. Die Musik spricht es in seinen Tiefen an. Durch Einfluß auf Bewegungen gewinnt der Erzieher Einfluß auf das gesamte Verhalten.

- *Montessori-Material* soll nebenbei erwähnt werden; es ist besonders geeignet bei Konzentrationsstörungen und kann damit leistungsverbessernd wirken und die Selbstsicherheit verstärken.

Darüber hinaus hat die Erzieherin die Aufgabe, in das Elternhaus hineinzuwirken, die Eltern zu informieren über die Gefahren einer falschen Erziehung, besonders hinsichtlich der Phasen der Libido-Entwicklung. Sie kann ihnen die Bedeutung der Geborgenheit und die verheerenden Wirkungen des Ungeborgenseins (in Form von Härte und Verwöhnung) aufzeigen und kann so ihren Kindern wirksamer helfen und für die kleineren Geschwister vorbeugend wirken.

Bei größeren Kindern im Hort und Heim sind diese Mittel ebenso anwendbar, auch wenn sie dem Alter angepaßt werden müssen. Bei ihnen hat das Rollenspiel eine besondere Bedeutung. Kinder, die z. B. ihre häuslichen Verhältnisse im Spiel ausleben dürfen, werden ruhiger. Gleichzeitig zeigen sie den Erziehern ihre Probleme auf.
Aber auch das Gespräch über ihre Schwierigkeiten, das mit Vorsicht und pädagogischem Takt geführt werden muß, kann Kindern große Hilfe bedeuten, vor allem, wenn sie sich bereits in der Pubertät befinden.

2. Lerntheorien

Die Lerntheorien haben ganz unterschiedliche Ansätze. Einig sind sie sich im Grunde nur in einer Hinsicht: Das Verhalten des Menschen wird von der Umwelt bestimmt und gesteuert. Diese Theorien unterscheiden sich *in Bezug auf das Verständnis des Menschen:*

Theorien, die den Menschen als eine – wenn auch höher entwickelte – Art Tier verstehen und deshalb glauben, die Ergebnisse von Tierversuchen ohne weiteres auf menschliches Verhalten übertragen zu können; und

solche, die den Menschen als wesentlich verschieden vom Tier verstehen und, obwohl auch sie Tierversuche durchführen, das spezifisch menschliche Verhalten aufzeigen.

Durch diese verschiedene Sicht bedingt, unterscheiden sie sich auch

in Bezug auf die Bedeutung, die dem Denken beigemessen wird:

Theorien, die das Denken (Bewußtsein) als für das Lernen unbedeutend halten bzw. es ausschließen und

solche, für die das Denken die entscheidende Rolle spielt;

in Bezug auf die Initiative

Theorien, die das Handeln als Antwort auf Umweltreize verstehen und solche, die das Handeln als vom Individuum initiiert verstehen, auf das dann die Umwelt reagiert.

2.1 Die klassischen Lerntheorien

Ihnen ist gemeinsam eine behavioristische Ausrichtung, auch wenn die Bezeichnung „Behaviorismus“ erst nach Thorndike auftritt; d. h. sie erkennen eine dem Verhalten zugrunde liegende Persönlichkeitsstruktur nicht an. An vier Theorien soll das Wesentliche dieser Sicht kurz aufgezeigt werden.

2.1.1 Die klassische Konditionierung (Pawlow)

Iwan Petrowitsch Pawlow (1849–1936) war russischer Physiologe und machte seine grundlegenden Versuche mit einem Hund.

Wenn wir hier von Tierversuchen berichten, dann heißt das nicht, daß menschliches Verhalten tierischem Verhalten gleichgestellt werden soll. Aber die grundlegenden Experimente sind nun mal – zum Glück – bis auf wenige Ausnahmen mit Tieren gemacht worden. Wieweit wir berechtigt sind, solche Techniken auf Menschen anzuwenden, darauf soll später eingegangen werden.

Der natürliche Reflex des Speichelns beim Hund, wenn er Fleisch sieht, wurde künstlich gebildet dadurch, daß dem Zeigen des Fleisches ein

Glockenzeichen vorausging. Im Lauf der Zeit assoziierte der Hund das Glockenzeichen mit dem Fleisch und speichelte. Es war die Kondition (Bedingung), daß der Reflex ablief. Deshalb spricht man vom konditionierten oder bedingten Reflex.

$$\begin{array}{l} UCS \longrightarrow UCR \\ CS \longrightarrow CR \end{array}$$

UC = unkonditioniert S = stimulus (Reiz)
C = konditioniert R = response (Antwort, Reaktion, Reflex).

Wesentlich ist dabei immer, daß die Verstärkung regelmäßig erfolgt. *Watson* hat schon Menschenversuche gemacht. Der kleine Albert wurde konditioniert zu einer Angst vor einem weißen Kaninchen. (Wenn er damit spielen wollte, wurde Eisenstange auf Blech geschlagen.) Die Angst übertrug sich auf andere Tiere, sogar auf Pelzmäntel.
Angst könnte also beim Menschen Reaktion auf unangenehme Reize sein (Hundegebell, Quietschen eines Autos usw.).

Das Verhalten, das mit dieser Methode hervorgerufen werden kann, sind angeborene Reflexe, also Verhalten, das der Organismus bereits kann, nur unter neuen Bedingungen hervorbringen soll. Es handelt sich um respondent behavior (Antwortverhalten), denn es erfolgt auf einen künstlich gesetzten Reiz (CS) hin. Wenn der UCS auf die Dauer ausbleibt, wird das Verhalten „gelöscht". Emotionales Lernen (Angst) wird auf diese Weise kaum verlernt. Die erste Angsttherapie, durchgeführt von Mary Cover Jones (1924), Schülerin Watsons, zeigt dies deutlich:

Peter, 2;10 Jahre alt, zeigte große Furcht vor einer weißen Ratte, einem Kaninchen, Pelzmäntel, Federn, Baumwolle, nicht aber vor hölzernem Spielzeug. In einen Laufstall gebracht, in den er ohne Widerstreben ging, beschäftigte er sich mit dargebotenem Spielzeug. Als ein Fellteppich über den Rand des Laufstalls gehängt wurde, weinte er, von einem Wollpulli wandte er sich nur ab. Der Versuch, ihn an die Ratte (vermutlich ursprüngliches Angstobjekt) zu gewöhnen, indem er feststellte, daß nichts passiert, daß also der CS, der nach dieser Theorie zur Furcht geführt hatte, nicht mehr eintritt, gelang nicht. Es waren zusätzliche Methoden notwendig, und zwar Vorbilder, d. h. Kinder, die keine Furcht zeigten und mit der Ratte spielten und außerdem die Einführung eines mit Furcht unvereinbaren Verhaltens: Essen. Erst dadurch konnte Peter die Furcht überwinden[7].

7 Vgl. Mary Cover Jones, Eine experimentelle Untersuchung der Furcht: der Fall Peter. In: M. Hofer und F. E. Weinert (Hrsg.), Pädagogische Psychologie 2, Lernen und Instruktion. Reader zum Funk-Kolleg. Frankfurt 1974, 28–36.

Es ist aber auch möglich, daß ein Verhalten nicht zustande kommt, weil ein hemmender Reiz gleichzeitig mit dem CS auftritt.
„Klassische" Konditionierung bedeutet, daß diese Art die erste wissenschaftlich erforschte Konditionierung war[8].

2.1.2 Die instrumentelle Konditionierung – oder das Lernen durch Versuch und Irrtum (Thorndike)

Der Amerikaner Edward L. Thorndike (1874–1949) erarbeitete seine Lehre von den Verbindungen zur gleichen Zeit, zu der Pawlow seine Theorie entwickelte. Nach Thorndike werden beim Lernen Assoziationen (Verbindungen) hergestellt und zwar auf dem Weg blinder Versuche, die über Irrtümer zufällig zu Erfolg führen (trial and error). Der wiederholte Erfolg führt zum Lernen *der* Reaktion, die Erfolg hatte. Die Bedingungen, die gestellt werden, damit ein Organismus reagiert, sind die Mittel (Instrumente – daher „instrumentelle" Konditionierung), die das Handeln bewirken. Das Verhalten ist dabei respondent. Lernen erfolgt nur, wenn ein Bedürfnis vorhanden ist, das durch den Erfolg befriedigt wird (hungrig in einen Käfig gesperrt – draußen Futter). Der Erfolg bedeutet somit Verstärkung. Übung hat nur insofern Wirkung, als sie wiederholte Verstärkung ermöglicht.
Thorndike setzt ebenso wie Pawlow eine kontinuierliche Entwicklung vom Tier zum Menschen voraus. Das Denken spielt bei diesem Lernen keine Rolle, auch wenn Thorndike seine Möglichkeit nicht ausschließt. Erkannt zu werden braucht nur, *daß* auf diese Weise der Erfolg zustande kam, nicht aber, *wie* er erreicht wurde.
Thorndike behauptet, daß jedem Lernen zumindest eine Phase des trial and error vorausgeht[9].
Auch Kinder können durch Versuche lernen. Voraussetzung ist dabei, daß in der Umwelt Reize sind, die das Kind als unangenehm empfindet und die es daher beseitigen möchte.

---

8 Vgl. zur Theorie von Pawlow:
E. R. Hilgard/G. H. Bower, Theorien des Lernens I. Stuttgart[3] 1973, 66–92;
Helmut Skowronek, Lernen und Lernfähigkeit. München[6] 1975, 18–28;
Hanns Martin Trautner, Lehrbuch der Entwicklungspsychologie Band 1. Göttingen 1978, 81–85, bes. 84f. und 287.

9 Vgl. zur Theorie von Thorndike:
E. R. Hilgard/G. H. Bower, a. a. O., 30–63; H. Skowronek, a. a. O., Carel F. van Parreren, Lernprozeß und Lernerfolg. Braunschweig 1972, 70f.

Ulrike (s. S. 11) hat Erfolg erlebt durch Kasperlspielen und Angeberei.
Jürgen (s. S. 14) hat die Erfahrung gemacht, daß er Forderungen ausweichen kann, wenn er in heftiges Weinen ausbricht.

Ein Kind ist darauf angewiesen, beachtet zu werden. Wird ihm dies verweigert, versucht es so lange, bis es ans Ziel kommt (z. B. mit Babysprache, Sich-traurig-Zurückziehen, Sich-Hervortun, durch Vortäuschen oder Produzieren einer Krankheit, Angreifen). Manche Kinder versuchen alles der Reihe nach durch. Lenken sie durch ein bestimmtes Verhalten unsere Aufmerksamkeit auf sich, haben sie Erfolg. Der Erfolg bedeutet Verstärkung. So lernen sie. (Wenn ich zu Beginn des Erzählens unartig bin, darf ich mich zur Erzieherin setzen; wenn ich lange genug trotze, komme ich durch; wenn ich genügend Angst zeige, brauche ich es nicht tun.) Schimpfen kann Verstärkung sein, denn es ist Zuwendung.

Marion (3;1) schrie entsetzlich, als sie das erste Mal in den Kindergarten gebracht wurde. Die Erzieherin nahm sie daher auf den Arm und suchte sie zu beruhigen, was ihr rasch gelang. Am nächsten Morgen dasselbe Geschrei, dieselbe Art der Beruhigung. So ging es mehrere Tage. Dann kam Marion eines Morgens zusammen mit einem anderen Kind, setzte sich mit ihm sofort an einen Tisch und begann zu spielen. Gegen halb zehn Uhr ertönte aus einer Ecke lautes Schreien. Die Erzieherin wandte sich hin und fragte, was das zu bedeuten habe. Marion: „Ich will auf deinen Arm!“

Der Erfolg bzw. die Verstärkung, muß entzogen werden und gleichzeitig muß richtiges Verhalten verstärkt werden.

Oliver (5;0) kam zusammen mit 24 anderen Kindern aus Bremen in ein Kindererholungsheim nach Südbayern. Am ersten Sonntag sagte er zur Gruppenerzieherin: „Noch 3 Sonntage, dann fahre ich wieder heim.“ – „Noch 4 Sonntage“, sagte die Erzieherin, „denn 5 Sonntage seid ihr im ganzen hier.“ – „Ich bleibe aber nur 4 Sonntage, hat meine Mutter gesagt, meine Mutti lügt nicht.“ – „Dann hat sie sich eben getäuscht.“ Da fing Oliver an zu weinen und zu toben. Alle guten Worte halfen nichts. In der Gruppe herrschte gespannte Stille, die jeden Moment in ein Schreien und Weinen aller Kinder umzuschlagen drohte.
Da sagte die Erzieherin in strengem Ton zu Oliver: „Wenn du jetzt nicht aufhörst, passiert etwas!“ Und die Reaktion: Oliver schaute sie mit großen Augen an, wischte sich die Tränen ab und sagte ruhig: „Gut ich gebe auf.“ Dann setzte er sich und spielte friedlich weiter.

Es soll damit *keineswegs* gesagt werden, daß man Kindern drohen soll, damit sie ruhig sind. Aber es kann zeigen, daß Fehlverhalten oft sofort aufhört, wenn ein Kind damit nicht ans Ziel kommt. (Auf die Frage, wieweit solche Maßnahmen erzieherisch sind, soll später eingegangen werden.)

2.1.3 Das Operante Konditionieren (Skinner)

Burrhus Frederic Skinner (geb. 1904) hat darauf hingewiesen, daß Verhalten nicht nur von Reizen ausgeht (respondet behavior), sondern auch spontan auftreten kann (operant behavior). Dieses operante Verhalten kann durch willkürlich gesetzte Reize unter Kontrolle gebracht werden. Skinner betrachtete ebenfalls den Menschen als nichts anderes denn als Tier, spricht sogar von der „Rattenebenbildlichkeit des Menschen". Er verneint das Denken vollständig und behauptet – um seine Theorie aufrecht erhalten zu können – sich nie als denkender Mensch verhalten zu haben.
Das Neue bei Skinner ist, daß nicht abgewartet wird, bis ein Verhalten (zufällig) in seiner komplexen Form auftritt, sondern jedes geringste, in die gewünschte Richtung gehende Verhalten verstärkt wird.

Es gibt vier Formen, die das Verhalten beeinflussen:

Schema von Skinner[10]

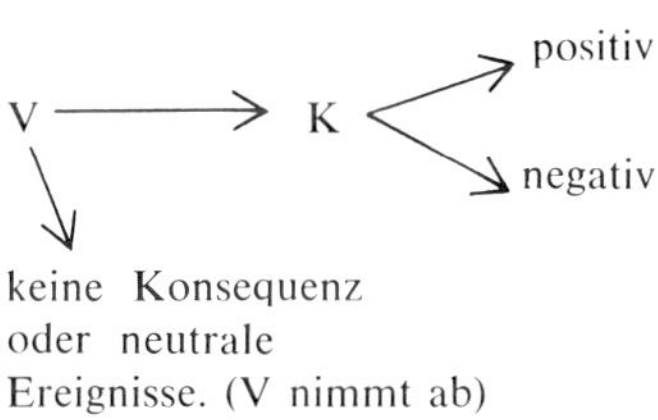

V = Verhalten
K = Konsequenz

Darbietung	Entzug
positive Verstärkung	Bestrafung durch Verstärkungsentzug
Bestrafung durch unangenehme Konsequenz	negative Verstärkung: — Fluchtlernen, wenn das Verhalten den unangenehmen Reiz beendet, — Vermeidungslernen, wenn das Verhalten den unangenehmen Reiz verhindert.

10 Vgl. Vera Kuhlen: Verhaltenstherapie im Kindesalter, München 1972, S. 22.

Positive Verstärkung (Darbietung positiv)

Folgt auf ein V ein positives Ereignis (K), so wird das Verhalten wahrscheinlich wiederholt. Das Verhalten wird hier verstärkt, und zwar sowohl positives als auch negatives Verhalten.
Je rascher die Verstärkung auf das Verhalten folgt, desto sicherer wird es wiederholt, also gelernt.
Am schnellsten wird gelernt, wenn die Verstärkung kontinuierlich ist (ständig erfolgt), – am längsten erhalten bleibt das Gelernte, wenn nur ab und zu verstärkt wird (Intervall-Verstärkung). Inkonsequenz verfestigt also Fehlverhalten.
Am besten ist es, von kontinuierlicher Verstärkung auszugehen und, wenn das Verhalten aufgebaut ist, zur Intervall-Verstärkung überzugehen. Man kann auch anfangs beide miteinander verbinden.

Bestrafung durch Verstärkungsentzug (Entzug positiv)

Der Entzug der Verstärkung wirkt als Strafe. Man kann z. B., wenn die Anwesenheit des Erziehers für ein trotziges Kind verstärkend wirkt, sich kurz entfernen (im Kindergarten nicht, wenn man keine Helferin hat). Man kann, wenn das Zu-sich-Nehmen verstärkend wirkt, das Kind nicht mehr zu sich nehmen. (Wahrscheinlich wird das Fehlverhalten dann für einige Tage zunehmen. Wenn man durchhalten kann, hat man Erfolg.)
Bei kontinuierlicher Verstärkung wird das Verhalten schneller gelöscht als bei Intervall-Verstärkung. Am schnellsten wird die Löschung erreicht, wenn gleichzeitig ein anderes, mit diesem unverträgliches Verhalten verstärkt wird (z. B. nicht das Angreifen, sondern das ruhige Spielen). Die zweite Verstärkung darf auf keinen Fall vom Kind als schwächer empfunden werden als die erste.
Zuvorkommen: Verstärken, wenn Fehlverhalten sich nicht zeigt, wo es sich erfahrungsgemäß zeigen müßte.

Bestrafung durch unangenehme Konsequenzen (Darbietung negativ)

Bei Strafe ist die Wirkung kurzfristig. Das Ende der Strafe (das irgendeinmal immer kommt) wirkt verstärkend. Besser als strafen ist es, Alternativen anzubieten, denn

1. ist die Wirkung nur kurz,
2. führt Strafe zu Angst,
3. machen Angst und Strafe aggressiv.

Einsatz von Strafen erfordert ein hohes Maß an Selbstkontrolle und Selbstbeherrschung. Es gibt aber Verhaltensweisen, die sofort unterbrochen werden müssen, z. B. Zerstören, Schlagen, auch dann, wenn das Verhalten selbst verstärkend wirkt (als schönes Spiel erlebt wird). Solche Strafen wählen, die gerade noch als Strafe wirken und keinen Haß erzeugen.
Folgt auf ein Verhalten eine positive Verstärkung und eine Strafe, wirkt das was zuerst folgt. (Aggression: Erst Lust am Zuschlagen, dann Strafe; Trotz: erst Freude, den Erzieher ärgern zu können, dann Strafe.)

Negative Verstärkung (Entzug negativ)

Ein Kind hat gelernt, durch Flucht- oder Vermeidungsverhalten etwas Unangenehmem aus dem Weg zu gehen. Es kann vor einer Aufgabe fliehen oder sie vermeiden (Hemmung, Angst), kann vor Kontakt fliehen. Der unangenehme Reiz kann aus einer inneren Spannung kommen (gestaute Aggression). Durch aggressives Verhalten kann sie vertrieben werden.
Wenn Fehlverhalten für das Kind negative Verstärkung bedeutet, muß die Verstärkung verhindert werden.
Mit der Zeit soll das Kind lernen, unangenehmen Situationen nicht einfach auszuweichen, sondern sie zu bewältigen.

Wenn Verhalten positiv oder negativ *verstärkt* wird, *nimmt es zu,* bei *Strafe nimmt es ab.*
Die Methode, die Skinner erarbeitet hat, scheint die wirksamste und ökonomischste zu sein. Allerdings ist sie auch die gefährlichste, selbst wenn man nicht, wie Skinner meint, damit „Menschen formen kann wie der Bildhauer sein Material". Sie beruht auf einem rein materialistischen Menschenbild.

Nach der Theorie von Skinner würde man das aggressive Verhalten von Ulrike (s. S. 11) als operantes Lernen erklären. Ulrike hat erfahren, daß Kinder sich etwas bieten lassen, wenn sie (sprachlich) sicher auftritt. Sie versuchte daher, immer stärker die Kinder „mit Worten zu schlagen". In weiteren Lernschritten zeigte sie dann ihre Stärke auch in der Tat.

2.1.4 Der „zweckorientierte" Behaviorismus (Tolman)[11]

Edward C. Tolman (1886–1959) hebt sich durch seine kognitive Orientierung in gewissem Maß von den Reiz-Reaktions-Theorien ab. (Auch

11 Vgl. E. R. Hilgard/G. H. Bower, a. a. O., 219.
H. Skowronek hat „Purposive Behavior" mit „zielgerichteter Behaviorismus" übersetzt. Vgl. a. a. O., 47.

beim „operanten“ Verhalten, wie Skinner es beschreibt, wird die *Re*aktion – nicht die Aktion durch den gesetzten Reiz bestimmt.) Bereits Hull hatte Begriffe wie „Einsicht“, „Zielsetzung“ eingeführt, die die Reize verarbeiten und Gewohnheiten *(habits)* ausbilden[12]. Im von Woodworth (1929) eingeführten S-O-R-Schema (Reiz-Organismus-Reaktion) wurde der „Organismus“ durch Tolman als *„Intervenierende Variable“* weiter ausgearbeitet. Er hielt es für unzureichend, das Verhalten „als spezielle Muskelkontraktion aufzufassen“[13], d. h. als unmittelbar vom Reiz ausgelöst. Lernen wird von ihm verstanden als Lernen von Zeichen. Der Lernende muß verstehen, was mit einem Zeichen (Reiz) gemeint ist. So hat er das S-R-Schema ausgeweitet[14]:

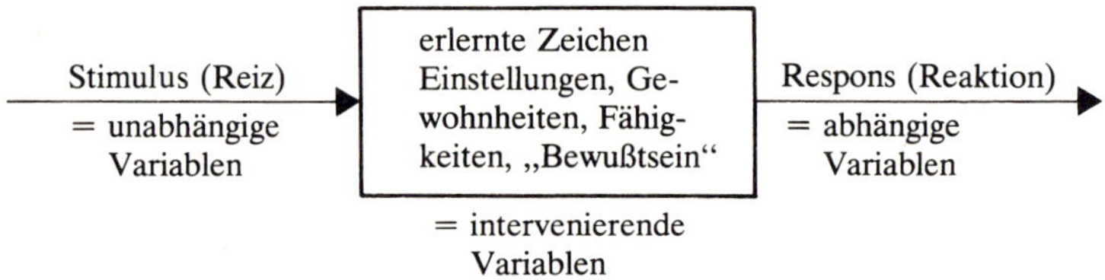

Unabhängig heißt hier: nicht vom Organismus beeinflußt;
Abhängig heißt: sowohl vom Reiz als auch vom Organismus beeinflußt.

Nach Tolmans Theorie könnte das Verhalten von Manuel (s. S. 18 f.) folgendermaßen gedeutet werden:

Anforderungen der Eltern (Reize) haben die Einstellung (als intervenierende Variable) gebildet, viel leisten zu müssen und auch zu können. Deshalb überwindet er die Angst auf der Sprossenwand, greift aber auch Kinder an, besonders wenn sie an seiner Leistungsfähigkeit zweifeln. Durch Leistung bekommt man Liebe. Also muß man viel leisten, um geliebt zu werden. Durch Zuwendung (Reize) hat er erfahren, daß er geliebt wird. Diese Erfahrung bildet die allgemeine Einstellung: Wenn man Zuwendung bekommt, wird man geliebt (Zeichenlernen). Daraus folgt als Verhalten: Ich muß mir Zuwendung auf jede Weise verschaffen, weil das heißt, daß ich geliebt werde. Ich muß also einnässen, weil man dadurch Zuwendung erhält. Ich muß aggressiv sein, weil man mir dann die Hand auf den Kopf legt, um mich zu beruhigen.

---

12 Vgl. H. Skowronek, a. a. O., 28 f.

13 H. Skowronek, a. a. O., 47; vgl. auch Hilgard/Bower, a. a. O., 171.

14 Vgl. dazu auch: Marvin R. Goldfried, Ronald N. Kent, Herkömmliche gegenüber verhaltenstheoretische Persönlichkeitsdiagnostik: ein Vergleich methodischer und theoretischer Voraussetzungen. Deutsch von Rolf Meermann. In: Dietmar Schulte (Hrsg.), Diagnostik in der Verhaltenstherapie. München-Berlin-Wien[2] 1976, 3–23, 9.

Unter „Bewußtsein", „Einstellung" usw. versteht Tolman Interpretationen von beobachtbarem Verhalten. Die *Intervenierende Variable* ist also nicht das „Seelische" im traditionellen Sinn, sondern ein „theoretisches Konstrukt", keine Realität, sondern lediglich eine Annahme, die man braucht, um die individuellen Unterschiede in der Reaktion auf dieselben Reize erklären zu können. Weiter erlaubt die Einführung der „Intervenierenden Variablen" der behavioristischen Verhaltenstherapie den Gebrauch des Ausdrucks *„Psychotherapie"*, der bis dahin nur von tiefenpsychologischen Richtungen verwendet wurde. Seelisches existiert in den ursprünglichen behavioristischen Theorien nicht. Um dennoch orthodox zu bleiben, gleichzeitig aber den Menschen selbst in seinem Handeln berücksichtigen zu können, werden Bewußtsein, Einstellung usw. als theoretisches Konstrukt bezeichnet.

2.1.5 Kritik an den behavioristischen Lerntheorien

Die „orthodoxen" behavioristischen Theorien suchen das Verhalten des Menschen zu beeinflussen, ohne den Menschen selbst zu berücksichtigen. Auch Tolman kennt nicht den Menschen als eine sein Handeln bestimmende Person, nimmt Einstellungen als handlungsbestimmend lediglich als ein theoretischen Konstrukt an. Das Verhalten wird entweder von der Umwelt (Reiz) eingeleitet oder tritt zufällig auf (operantes Verhalten) und wird dann gesteuert. Trotzdem kann mit diesen Methoden gearbeitet werden und wird mit ihnen gearbeitet. Der Mensch ist bis zu einem gewissen Grad manipulierbar, was noch nicht besagt, daß dies auch gerechtfertigt ist. Wo diese Methoden aber vom Erzieher verantwortet eingesetzt werden, wo dieser auch bei der Therapie den Menschen als Zentrum seiner Handlungen versteht und akzeptiert, handelt es sich nicht um Manipulation. Der klassische Behaviorismus, der sich jedoch nicht nur als Methode zur Verhaltensänderung und damit zur „Heilung" von Störungen versteht, sondern die ganze Wirklichkeit *Mensch* auf seine Weise zu erklären versucht, läuft Gefahr, zur Ideologie zu werden[14a]. Wie zu Ende des ersten Hauptabschnittes gesagt wurde, können Theorien immer nur Ausschnitte der Wirklichkeit erklären, in unserem Fall das Zustandekommen bestimmter Verhaltensweisen, nämlich eines Teils des nicht vom Bewußtsein gesteuerten, nicht aber das gesamte Verhalten und noch weniger den Menschen als solchen.

14a Anzumerken ist, daß diese Theorien nicht auf dem christlichen Menschenbild basieren.

2.2 Lernen am Modell (Bandura)

Mit Hilfe der klassischen Lernprinzipien ließ sich nicht ausreichend erklären, „warum der Mensch neue Verhaltensweisen relativ schnell lernt. Das manchmal beobachtete plötzliche Lernen neuer Reaktionen ist besonders schwer zu erklären. Bandura und Walters fordern daher zusätzliche Lernprinzipien, um das beim Menschen so häufige Auftauchen neuer Verhaltensformen erklären zu können“[15], das Lernen am Modell. Es erfolgt

- durch Beobachtung und Imitation. Dabei ist nicht notwendig, daß Belohnung erfahren wird oder daß beobachtetes Verhalten sofort nachgeahmt wird;
- durch stellvertretende Verstärkung. „Damit ist gemeint, daß die Belohnung, die eine als Modell dienende Person für ihr Verhalten erfährt, gleichzeitig eine Belohnung für jemand sein kann, der dieses Modell beobachtet. Dieses Erlebnis kann zur Imitation des belohnten Verhaltens durch den Beobachter führen.“[16]

Besonders häufig wird nachgeahmt, wenn das Modell sozial erfolgreich ist, oder wenn es sich aggressiv verhält.
Köhler weist darauf hin, daß bloße Beobachtung nicht ausreicht, daß vielmehr „aufeinanderfolgende Schritte einer ablaufenden Handlung richtig miteinander in Beziehung gebracht werden“ müssen[17].
Eines seiner Versuchstiere, der intelligente Schimpanse Sultan, erreichte eine Banane am Drahtgitterdach durch Heranziehen einer Kiste, auf die er stieg und von der aus er dann sprang. Die wenig intelligente Schimpansin Rana beobachtete dies wiederholt. Sie sprang häufig auf die Kiste, ohne sie jedoch an die richtige Stelle zu ziehen. Dann lief sie zu dem Platz unterhalb der Banane und sprang hier hoch.
Obwohl die Einsicht beim Lernen durch Nachahmung eine Rolle spielt und die klassischen Lerntheorien die Rolle der Einsicht beim Lernen ablehnen, beziehen sie dieses Lernen immer mehr in ihre Therapie mit ein. Die Pädagogik aber hat immer schon um die Bedeutung des Beispiels gewußt.
Kinder lernen sehr leicht durch Nachahmung, vor allem aggressives Verhalten. Gründe dafür sucht diese Theorie nicht. Kinder beobachten

---

15 Helmut Fend: Sozialisierung und Erziehung, Weinheim und Basel[7] 1974, S. 196.
16 Helmut Fend: Sozialisierung und Erziehung, S. 197.
17 Wolfgang Köhler: Die Aufgabe der Gestaltpsychologie, Berlin 1971, S. 119 f.

aggressives Verhalten bei Eltern, die streiten, die ihre Kinder schlagen, sie sehen es im Fernsehen.

Als im September der Kindergarten begann, hatte Sascha (3;1) die Kinder immer gebissen, wenn sie ihm ein gewünschtes Spielzeug nicht überlassen wollten. Bereits innerhalb einer Woche fingen fünf weitere Kinder an zu beißen. Die Kinder konnten nicht nur Saschas Verhalten beobachten, sie sahen auch, daß dieser damit Erfolg hatte: die anderen ließen das Spielzeug los[18].

Verstärkung des Modells erleben Kinder auch, wenn sie sehen, daß die Erzieherin sich mit einem sozial nicht angepaßten Kind mehr beschäftigt als mit den anderen. Sie ahmen dann das Fehlverhalten nach, um selbst auch mehr Zuwendung zu erhalten. Flucht- und Vermeidungslernen (vgl. Negative Verstärkung) beruht häufig auf Lernen am Modell. Kinder beobachten, wie man unangenehmen Situationen aus dem Weg gehen kann.

Manuel (s. S. 18 f.) hat öfters erlebt, daß sich die Erzieherin mit einem Kind, das eben eingenäßt hatte, beschäftigte. So wurde dieses Kind für ihn Modell, um sich Zuwendung zu verschaffen.

Das Lernen am Modell ist ein Mittel, das im Kindergarten häufig eingesetzt wird, um Fehlverhalten ab- und soziales Verhalten aufzubauen. Das Puppenspiel kann hier geradezu „Wunder“ wirken. Die Kinder identifizieren sich im allgemeinen mit dem Kasperl. Erleben sie, daß er die ausweglosesten Situationen zuletzt doch noch meistert oder wenigstens zur rechten Zeit Hilfe erfährt, können sie ihre eigenen Ängste abbauen.
Stellvertretende Verstärkung ist dabei möglich, indem der Kasperl, die Prinzessin und dergl. für richtiges Verhalten verstärkt werden.
Auch Märchen und andere Erzählungen können dafür eingesetzt werden.

2.3 Lernen durch Einsicht (Gestaltpsychologie)

Die Gestaltpsychologie übte Kritik an der Verhaltenspsychologie, die Lernen nur als Assoziation von Reaktion und Verstärkung bzw. Erfolg sieht. Sie prägte den Begriff des „Lernens durch Einsicht“. Dabei kann einsichtigem Lernen durchaus eine Probierphase vorausgehen. Wesent-

18 Vgl. dazu: Michael Lewis & Jeanne Brooks, Auf der Suche nach den Ursprüngen des Selbst. In: Leo Montada (Hrsg.), Brennpunkte der Entwicklungspsychologie. Stuttgart 1979, 157–172, 170.

lich ist nur, daß – ob von vornherein oder nachträglich – das *Wie* der Lösung verstanden wird, d. h. im Sinn der Gestaltpsychologie, daß verstanden wird, wie „die gute Gestalt“ zustande gekommen ist.

Lernen durch Einsicht kann erfolgen

1. dadurch, daß Lösungen Ergebnisse von Versuch-und-Irrtum-Verfahren sind und nachträglich verstanden wird, wie sie zustande gekommen sind;
2. dadurch, daß Lösungen in einem *gedanklichen* Versuch-und-Irrtum-Verfahren gleichsam durchgespielt werden (ohne sie praktisch zu versuchen);
3. dadurch, daß in einem Denkprozeß Strukturen in logischer Aufeinanderfolge verändert werden (was kein gedankliches trial and error bedeutet, sondern in jeder Phase ein geplantes Vorgehen im Sinn von Analyse und Synthese). Dies ist für Kinder im vorschulischen Alter kaum möglich.

Auch bei Tieren (Affen) gibt es ein gewisses Lernen durch Einsicht, wenn Situationen gewählt werden, die für sie überschaubar sind. Doch ist einsichtiges Lernen das dem Menschen eigene Lernen, das, je nach seiner geistigen Organisation, einen größeren oder kleineren Raum einnimmt. Je jünger das Kind ist und damit je weniger fähig, komplexe Strukturen zu durchschauen, desto mehr lernt es durch Versuch und Irrtum. (Selbst Erwachsene greifen, wenn für sie eine Situation undurchschaubar wird, auf Versuch und Irrtum zurück.)
Die Gestaltpsychologie, die sich zwar mehr mit Wahrnehmung und Denken beschäftigt, nimmt für soziales Lernen immer mehr an Bedeutung zu. Wertheimer, einer ihrer Pioniere, stellt solches Lernen, bei dem es um Umstrukturierung des sozialen Feldes zur „guten Gestalt“ hin geht, an einem selbst erlebten Beispiel dar:
Zwei Jungen (10 und 12) spielen Federball. Der Ältere siegt immer, der Jüngere ist der Schwächere und kann den Ball kaum einmal zurückgeben. Er bricht das Spiel ab und erhält dafür den Vorwurf des Spielverderbers. Nach längerem Hin und Her kommen beide zu der Einsicht, daß ein solches Spiel Unsinn ist. Sie einigen sich, so zusammen zu spielen, daß sie zählen, wie oft es ihnen gelingt, den Ball zu schlagen, ohne daß er zu Boden fällt. Damit war eine Umstrukturierung der Situation geschaffen: (g = Spiel)

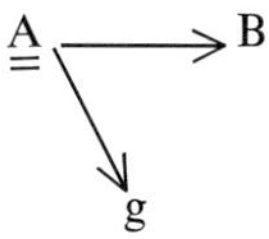

A (der Ältere) steht im Vordergrund. Er siegt stets über B (den Jüngeren).

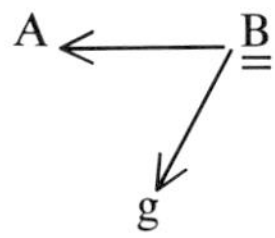

B unterbricht das Spiel und steht damit im Vordergrund. Beide sehen ein, daß das Spiel so nicht zustande kommt.

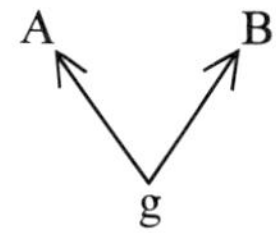

Weder A noch B stehen im Vordergrund, sondern das Spiel.[19]

Im Lernen durch Einsicht, wie die Gestaltpsychologie es entwickelt hat, kommt der Lernende selbst, d. h. ohne Vermittlung eines Lehrenden, eines Erziehers, zu dieser Einsicht und dadurch zu Lösungen. Ein Beispiel hat Paul Watzlawick – wenn auch in anderem Zusammenhang – beschrieben:

Ein Junge, Tom Sawyer, muß in einem Internat zur Strafe an einem Samstag Nachmittag einen 30 m langen Zaun streichen. Was er unerträglich findet, ist nicht in erster Linie die Arbeit während einer Zeit, in der seine Kameraden schwimmen gehen, sondern das Ausgelachtwerden. Nun kommt ihm eine Idee: er deutet die Situation um, so daß sie „eine neue Gestalt" bekommt. Als der erste vorbeikommt, tut Tom, als bemerke er ihn nicht. Auf dessen Hänseln, daß er sicher lieber arbeite als schwimmen gehe, meint er: „Was nennst du eigentlich Arbeit?" und macht weiter. Dann fährt er fort: „Vielleicht – vielleicht auch nicht! Ich weiß nur soviel, daß es dem Tom Sawyer Spaß macht." Und als sein Kamerad dies nicht glauben will, sagt er: „... Kann unsereiner denn jeden Tag 'nen Zaun anstreichen?" Die Situation war verändert. Einer nach dem andern seiner Kameraden, die vorbeikamen, wollten ein Stück Zaun streichen und gaben ihm dafür ihre Kostbarkeiten[20]. So gelang es Tom, einen sozialen Konflikt zu lösen.

Manchmal bedarf es eines kleinen Anstoßes durch die Erzieherin, damit das Kind durch Einsicht seine Situation verändern und dadurch sozial angepaßt werden kann:

Von Marion (3;1) wurde unter 2.1.2 berichtet. Der Erzieherin war es klargeworden, daß sie das Schreien dadurch verstärkt hatte, daß sie Marion immer auf den Arm nahm. Nun reagierte sie anders: „Schau, Marion, ich kann dich schon auf den Arm nehmen, wenn du noch so klein bist. Aber dann bist du auch noch zu

19 Max Wertheimer, Produktives Denken. Frankfurt a. M.² 1964.
20 Paul Watzlawick u. a., Lösungen. Zur Theorie und Praxis menschlichen Wandels. Bern-Stuttgart-Wien² 1975, 116.

klein für den Kindergarten. Wenn du aber schon so groß bist, daß du in den Kindergarten gehen kannst, dann brauch' ich dich nicht mehr auf den Arm nehmen. Also, heute tu' ich's nochmal, und dann überlegst du dir's mal." Am nächsten Morgen, als sie in den Kindergarten kam, sagte sie entschlossen: „Ich bin groß!" Sie will nicht mehr auf den Arm genommen, auch nicht gestreichelt werden, was die Erzieherin manchmal tut, wenn sie ein Kind trösten will. „Ich bin groß", sagt sie dann und weicht aus. Marion ist sehr aufgeschlossen für alle Lernangebote und zeigt selbständiges, angepaßtes Verhalten. Ihr war die Umdeutung ihrer Rolle gelungen.

Allerdings kann durch Einsicht auch Fehlverhalten erlernt werden. Schon Kleinkinder können „einsehen", daß man durch ein bestimmtes Verhalten Aufmerksamkeit und Zuwendung erhalten kann, selbst wenn dieser Einsicht ein Versuch-Irrtum-Verhalten vorausgeht. Schulkinder können „einsehen", daß man durch Lügen Strafen vermeidet, durch Abschreiben der Hausaufgabe Zeit zum Spielen gewinnt, durch Stehlen leichter an Dinge kommt als durch Sparen von Taschengeld.
Doch kommt dem Lernen durch Einsicht zweifellos der Vorrang zu, auch wenn Einsicht nicht von selbst zur Verhaltensänderung führt. Es kann also die anderen Lernarten nicht einfach ersetzen, vor allem dann, wenn ein Kind Störungen nicht mehr allein bewältigen kann.

2.4 Verhaltenstherapie heute

In der modernen Verhaltenstherapie wird das Bewußtsein, die eigene Stellungnahme, die Selbststeuerung des Menschen nicht mehr ausgeschlossen. Man nimmt auch seelische Energien an, die Verhalten verursachen können. Es wird sogar mit diesen „Konstrukten" gearbeitet.
Der Verhaltenstherapeut ist nicht mehr einfach derjenige, der mechanische Verhaltensabläufe durch Konditionierung (Verstärkung) hervorruft bzw. stärker auftreten läßt. Er spricht mit dem Klienten über dessen Schwierigkeiten und seine Wünsche sie abzubauen. Auch die Zwischenerfolge werden jeweils besprochen. Selbst mit Kindern werden in der Therapie Vereinbarungen getroffen. Es werden z. B. die jeweiligen Verstärker mit ihnen abgesprochen.
Diese Wende in der Verhaltenstherapie ist zum größten Teil auf den Einfluß der Gestaltpsychologie zurückzuführen, die zum Behaviorismus Stellung genommen und klar aufgezeigt hat, daß Menschen nicht einfach konditioniert werden können und dürfen wie Tiere, daß die Einsicht des Menschen eine wichtige Komponente im Heilungsprozeß bildet. Einen weiteren Einfluß hatte die Tiefenpsychologie mit ihrem Nachweis von

unbewußten seelischen Energien. Allerdings gibt es auch heute teilweise noch Verhaltenstherapeuten, die die klassische Auffassung vertreten.

3. Frühkindliche Hirnschädigungen

Ob wir Verhalten (und damit Verhaltensstörungen) tiefenpsychologisch oder lerntheoretisch erklären, immer bedarf es eines zentralen Nervensystems, das Reize aufnehmen und Verhalten steuern kann. Hirnorganische Bedingungen und Umweltfaktoren wirken beim Erwerb von Verhaltensbereitschaften aufeinander. Die Ausreifung des zentralen Nervensystems, vor allem die Dendritenaussprossung der Nervenzellen und die Synapsenbildung wird spätestens ab der Geburt durch Umweltreize beeinflußt. Umgekehrt werden auch die Umweltreize durch ein geschädigtes Zentralnervensystem anders wahrgenommen und beantwortet als durch ein gesundes. Besonders störfähig ist das Hirn zwischen dem 6. Schwangerschaftsmonat, dem Beginn der Reizempfindlichkeit der Hirnrinde, und dem Ende des 1. Lebensjahres, wenn die Markscheiden entwickelt sind und die Ausreifung der Pyramidenbahnen (Willkürmotorik) abgeschlossen ist.

3.1 Ursachen frühkindlicher Hirnschädigung

Vorgeburtliche Schädigungen werden hervorgerufen z. B. durch Sauerstoffmangel, Stoffwechselstörungen, Röntgenstrahlen; Geburtsschäden durch Druckeinwirkung (Zangengeburt und Vakuumextraktion), auch durch Sauerstoffmangel. Nachgeburtliche Ursachen sind vor allem Infektionskrankheiten, Keuchhusten, Säuglingskrämpfe, Encephalitis.

3.2 Folgen frühkindlicher Hirnschädigung

Die Folgen erstrecken sich auf den motorischen, geistigen und seelischen Bereich[21]. Heute trifft man in der Literatur häufig an Stelle von „frühkindlicher Hirnschädigung" den Begriff „Minimal Brain Dysfunction" (MBD). Bei dieser Bezeichnung wird auf eine Definition der Ursache verzichtet. Er scheint die Eltern weniger zu beunruhigen.

---

21 Mit den motorischen Störungen und Intelligenzdefekten befassen sich ausführlich und mit sehr guter Illustration: Elkind and Weiner, Development of the Child, a. a. O.

Die Verhaltensstörungen frühkindlich hirngeschädigter Kinder sind nicht primärer Natur. Direkte Folge der Schädigung ist eine Reizüberempfindlichkeit[22]. Daraus folgt für das Kind, daß es motorisch unruhig, affektiv gestört ist, daß es sich gegen Reize weniger abschirmen kann und weniger bereit ist, sich Neuem zuzuwenden. Durch seine Reizüberempfindlichkeit und Nervosität hat es Anpassungsschwierigkeiten und beeinträchtigt damit seine Umwelt. Diese wirkt störend auf das Kind zurück. Die Beeinträchtigung der Umwelterfassungsmöglichkeit und der Speicherung und Verarbeitung von Umweltreizen behindert bereits den Aufbau der frühen Mutter-Kind-Beziehung. Da – wie vor allem René Spitz zeigt – diese fundamentale Bedeutung hat, sind solche Kinder, die diese Beziehung infolge eines Hirnschadens nicht aufbauen können, besonders neurosegefährdet.
Reinhart Lempp, der sich vor allem mit den psychopathologischen Störungen der hirngeschädigten Kinder befaßt, nennt diese – nicht mit auffallenden motorischen oder geistigen Defekten verbundene – Art in Anlehnung an Bonhoeffer und Bleuler *„frühkindlich exogenes Psychosyndrom“*[23]. Er stellt dabei typische Symptome fest, die sich von neurotischen unterscheiden:

Beim plötzlichen Auftreten einer neuen Situation oder fremder Personen zeigt das frühkindlich hirngeschädigte Kind nicht den sog. „Initialstupor“ (Kretschmer), scheint vielmehr sofort vertrauensvoll und sucht sogar Berührungskontakt mit der fremden Person. Dieses Fehlen der momentanen Reaktionsunfähigkeit ist ein wesentlicher Hinweis auf einen Hirnschaden. Solche Kinder sind scheinbar gut kontaktfähig, aber meist wenig kommunikationsfähig und können nur schwer echte Bindung aufbauen. Sie vertragen Spaß, gehen aber in ihren Spässen meist zu weit.
Neurotische Kinder dagegen sind besonders sensibel und leiden schwer am Unverständnis ihrer Umwelt.

Hirngeschädigte Kinder sind weniger bereit, sich Neuem zuzuwenden, weil sie *reiz*empfindlicher sind und deshalb weniger lernbegierig.
Neurotische Kinder haben Angst vor Überforderungen.

22 Vgl. Reinhard Lempp, Frühkindliche Hirnschädigung und Neurose. Bern-Stuttgart-Wien[3] 1978, 111.

23 a. a. O., 49.

Frühkindlich hirngeschädigte Kinder wollen ihre Verhaltensstörungen nicht, erleben sie evtl. sogar als ichfremd, fühlen sich bei Strafen stark beeinträchtigt und ungerecht behandelt.
Neurotische Kinder dagegen verbinden mit ihren Verhaltensauffälligkeiten „immer ein mehr oder weniger ausgeprägtes Strafbedürfnis"[24].

Richard wurde mit 6 Jahren wegen Verhaltensstörungen in ein Heim eingewiesen. Ein Hirnschaden wurde vermutet, kann aber nicht eindeutig festgestellt werden.

Vater ist Musiker, hat neben seiner Frau eine Freundin. R. wird vom Vater „vergöttert", mit Gefühlsäußerungen überhäuft. Auf Gespräche mit der Erzieherin läßt sich der Vater nicht ein.
Mutter ist Hausfrau, hat viele Kontroversen mit ihrem Mann, fühlt sich durch das Kind überfordert. Sie betont wiederholt die Intelligenz ihres älteren Sohnes und sträubt sich, mit R. zum Neurologen zu gehen aus Angst, über einen Hirnschaden ihres Kindes Gewißheit zu bekommen. Ohne darüber gefragt zu werden, beteuert sie immer wieder, daß R. ein Wunschkind sei, daß sie ihn sehr liebe, fragt aber gleichzeitig, ob sie ihn in den Ferien nach Hause nehmen *müsse*.
Die Mutter leidet unter starken Gefühlsschwankungen, spricht mit ihrem Kind in aufgeregtem, schrillem Ton, zeigt ihm gegenüber ebenso wenig Konsequenz wie der Vater. Güte und Strenge folgen unvermittelt.

R. war vor der Heimeinweisung zwei Jahre in einem heilpädagogischen Kindergarten. Dort hat er anfänglich Autismus gezeigt, der sich gebessert hätte. Er lernte „ich will" sagen, richtig sprechen, seine Gefühle äußern – allerdings vor allem in Wutausbrüchen. Erst am Ende der Kindergartenzeit fand er Beziehung zu Gleichaltrigen, mehr aber zu Erwachsenen. Er zeigt auffallenden Wunsch nach Körperkontakt.

Bei der Heimeinweisung war sein Leistungsrückstand sehr groß. Seine einzige Leistungsmotivation war, groß zu werden, um Autofahren zu können. Im übrigen zeigt er keinen Leistungswillen. Gelingt ihm etwas nicht sofort, schreit er und resigniert. Bei den meisten Aufgaben sieht er gar nicht hin. Sein Spiel besteht lediglich darin, Gegenstände „wie Autos" zu schieben und in scherzhaftem Raufen. Er ist egozentrisch und begreift noch nicht, daß ihm nicht alles gehört.
Anfangs befahl er den Kindern nur, fühlte sich im Mittelpunkt, besonders wenn das eine oder andere Kind sich ihm einmal zuwandte. Spricht die Erzieherin mit einem Kind, fühlt er sich sofort angesprochen. Gehorcht ihm ein Kind nicht, brüllt er.

R. zeigte auch im Heim anfangs autistische Züge, spielte die meiste Zeit nur mit seinen Fingern und summte dabei vor sich hin.

Sein großer Wortschatz und sein Sprachverständnis lassen nicht auf geistigen Defekt schließen. Wird er jedoch etwas gefragt, antwortet er: „Richard, ja, ich heiße Richard."

---

24 a. a. O., 115.

Seine Mutter tyrannisiert er, hat dann Schuldgefühle und provoziert sie erneut.

Auch im Motorischen zeigen sich Auffälligkeiten. Wenn er sich freut, zappelt er mit den Händen, was er anfangs auch dann tat, wenn er vor sich hindöste.

Richard kann ein Beispiel dafür sein, wie sehr ein hirngeschädigtes Kind Eltern neurotisieren kann und von diesen wieder neurotisiert wird.
Auf frühkindliche Hirnschädigung weisen Symptome wie Autismus, Ausweichen vor neuen Aufgaben, starkes Kontaktsuchen, vor allem körperlichen Kontakt, motorische Auffälligkeiten hin.
Auf Neurose verweisen: Wutgebrüll, große Sensibilität und Schuldgefühle bei gleichzeitiger Provokation seiner Mutter.

3.3 Therapie frühkindlich hirngeschädigter Kinder

Der hirnorganische Defekt kann nicht behoben werden. Dieser Schaden ist, vor allem bei minimalem Hirnschaden, äußerst schwierig zu diagnostizieren, da das Elektro-Encephalogramm durchaus normal sein kann. Nur das „Bajonettenfingersymptom", das aber längst nicht in allen Fällen vorkommt, ist ein klares Anzeichen für eine frühkindliche Hirnschädigung. Es besteht in einer Stellungsanomalie der Finger mit Überstreckung der Grund- oder Mittelgelenke, während die übrigen Gelenke leicht gebeugt sind. Der Erzieher kann keine Diagnose stellen. Es gibt nur einige oben aufgezeigte Erscheinungen, die solchen Schaden vermuten lassen. Sie sind Hinweise für den Erzieher, daß er das Kind nicht im geringsten überfordern darf. Er muß ihm eine möglichst gleichmäßige und verständnisvolle Umwelt schaffen, wozu auch der Einfluß auf die Eltern erforderlich ist.
Das Spielmaterial muß starken Aufforderungscharakter haben und Möglichkeiten zum Erleben und Abreagieren bieten. Dabei braucht ein solches Kind unbedingt vom Erzieher gesetzte Grenzen. Die Umwelt soll möglichst wenig ablenkend, also eher „eintönig" sein. Zusätzlichen Belastungen darf das Kind nicht ausgesetzt werden[25].
In kleineren Gruppen kann es diesen Kindern gelingen, aus ihrer Randstellung zu einer Position als „Gefolgsmann" zu finden und damit Selbstsicherheit und neue Entwicklungsimpulse zu gewinnen. Wo eine Neurose bereits besteht, muß tiefenpsychologisch gearbeitet werden,

25 Vgl. R. Lempp, 93.

nicht verhaltenstherapeutisch, da diese Methoden das Kind stark frustrieren.
Wenn man frühkindlich leicht hirngeschädigten Kindern Zeit läßt, zu viele Reize von ihnen fernhält, sie später als normal einschult und ihnen während der Schulzeit Einzelnachhilfe gibt, können sie ihre Symptome verlieren.

Die Arbeit mit verhaltensgestörten Kindern

Wenn die Arbeit mit verhaltensgestörten Kindern auf einer soliden theoretischen Grundlage und nicht auf laienhaften Versuchen aufgebaut werden soll, ist es nötig, nicht nur die unterschiedlichen, oft widersprüchlichen Auffassungen dieser psychologischen Ansätze zu kennen, sondern auch ihre Gemeinsamkeiten und die Möglichkeit einer gewissen Integration dieser Methoden.

1. Unklarheiten in Grundbegriffen

1.1 Der Begriff „Neurose“

Die Bezeichnung „Neurose“ wird heute nicht nur in der Tiefenpsychologie, sondern auch in der Verhaltenstherapie verwendet. Sie stammt von Freud und bezeichnet eine aufgrund unverarbeiteter Konflikte dauerhafte und meist schwerwiegende seelische Störung, die sich im Verhalten äußert. Allgemein wird in der Tiefenpsychologie angenommen, daß bereits Kleinkinder Neurosen haben können. Als sicher gilt, daß im Kleinkindalter die Wurzeln zu ihrer Entstehung liegen. Elkind und Weiner halten es wohl zu recht nicht für möglich, daß Kleinkinder bereits Neurosen aufgebaut haben, denn sie besitzen noch nicht die geistige und emotionale Komplexität dazu. Ebensowenig ist eine Desorganisation der Persönlichkeit, wie sie in der Neurose vorliegt, möglich, wenn eine Organisation noch nicht zustande gekommen ist[1]. In der Verhaltenstherapie geht es nicht um seelische Störungen, sondern um das Verhalten selbst.

Wir werden also im folgenden unterscheiden zwischen *seelisch gestörten Kindern* (im Sinn der Tiefenpsychologie) und *Kindern mit erlerntem Fehlverhalten* (im Sinn der Verhaltenstherapie).

---

1 Vgl. Elkind and Weiner, a. a. O., 185.

1.2 Der Begriff „Psychotherapie“

Auch er wird von beiden Richtungen der Psychologie verwendet. Er stammt ebenfalls von Freud und setzt die Annahme einer seelischen Struktur voraus, die gestört ist und geheilt werden muß, damit die Symptome verschwinden. Die Verhaltenstherapie dagegen spricht zwar vom theoretischen Konstrukt „Psyche“. Da dieses jedoch nicht objektiv zu erfassen ist, kann es nicht geheilt werden. Es sollen also Verhaltensmuster verändert, d. h. unerwünschte oder selbstzerstörerische abgebaut, erwünschte erlernt werden, und zwar daß sie „so auftreten, daß es der Person erlaubt ist, effektiver zu funktionieren“[2].
Wir verwenden hier den Begriff *Psychotherapie* für die Methoden der Tiefenpsychologie und *Verhaltenstherapie* für die Methoden der verschiedenen Lerntheorien.

2. Widersprüche in den Methoden

Durch die unterschiedlichen Konzeptionen des „Seelischen“ unterscheiden sich die Methoden der Psychotherapie und der Verhaltenstherapie. Die Methode der Psychotherapie ist das Aufdecken und Verarbeiten jener Konflikte, die zu seelischen Störungen geführt haben. Es geht um ein „Herausholen“, ein Lösen. Die Methode der Verhaltenstherapie ist ein Lernprozeß, in dessen Folge Verhalten verändert werden soll.
Es muß also erkannt werden, welcher der beiden Ansätze das Verhalten eines jeweils bestimmten Kindes erklärt.

Seelische Störungen sind mit *Angst* (wenigstens mit einem gewissen Grad von Angst) und mit *Schuldgefühlen* gekoppelt. Dies kann sich zeigen in Scheu, Rückzug usw.
Eine solche Aggression kommt mehr plötzlich zum Ausbruch, ohne äußeren Anlaß, oder sie ist dauernder. Nach einer Entladung tritt eine gewisse *Entspannung* ein.
In diesen Fällen ist äußerste Vorsicht geboten. Solche Kinder müssen zunächst unser uneingeschränktes Wohlwollen spüren, müssen wissen, daß sie angenommen sind. Ganz gefährlich ist es, sich ihr Bravsein „kaufen“ zu wollen. Die Kinder müssen vielmehr erleben, daß sie etwas

2 Garth J. Blackham / Adolph Silbermann, Grundlagen und Methoden der Verhaltensmodifikation bei Kindern. Weinheim und Basel 1975, 18.

umsonst bekommen. Vielleicht sind sie, wenn sie einmal unser Wohlwollen erlebt haben und es fast glauben, daß sie angenommen sind, gerade dann „unartig“, wenn wir ihnen eine Freude gemacht haben. Sie wollen sichergehen, wollen ausprobieren, ob es wirklich umsonst war. (Dies finden wir nicht bei Kindern, die Aggression nur gelernt haben.) Für solche seelisch geschädigten Kinder ist das Material (s. S. 41 ff.) zu empfehlen. Es hilft auch gegen Angst. Wo sich die Angst deutlich zeigt, muß erst diese abgebaut werden, dann wird sich die Aggression von selbst verlieren, denn sie ist nicht mehr nötig (als Überspielung der Angst).

Kinder, die Aggressionen gelernt haben, zeigen keine Angst. (Es sei denn, sie sind schon dabei, sie zu verdrängen, weil wir sie als sehr schlimm bezeichnen.) Sie werden vielmehr ständig dafür verstärkt oder erleben sie als wunderschönes Spiel, das sie auf keinen Fall vermissen möchten.

Für sie ist also das Material, das für die anderen gut ist, geradezu schädlich, denn sie würden damit die Aggressionen nur üben. Sie müssen davon abgehalten werden. Es muß ihnen die Verstärkung entzogen und etwas Schöneres, Interessanteres geboten werden. Flößen wir aber den Kindern keine Schuldgefühle ein, denn diese führen zur Verdrängung. (Nachahmungsmöglichkeiten geben! Nicht-aggressives Verhalten verstärken!)

Diese Art von Aggression zeigt sich nicht so unvermittelt, dieser Trotz ist auf ein Ziel gerichtet, diese Angst ist nicht so undurchsichtig (es handelt sich dann um Phobien), die Gehemmtheit zeigt sich mehr als Unsicherheit, Abwarten, Sich-nicht-Anstrengen, ist nicht so angstgetönt. Das starke Gefälle von Spannung – Entspannung fehlt. Diese Kinder sind nach aggressiven Spielen noch aggressiver.

Fehlverhalten ist immer dann erlernt, wenn wir Verstärker feststellen können. Erzieher müssen also genau beobachten, wie sie jeweils auf das Fehlverhalten von Kindern reagieren. Nehmen sie z. B. ein Kind bei aggressivem Verhalten zu sich, ist das Verstärkung. Die Verstärkung muß also entzogen werden. Kinder, die durch ein Versuch-und-Irrtum-Verhalten zu solcher Verstärkung gekommen sind, müssen erfahren, daß sie sich doch „geirrt“ haben. Geschieht dies für die Kinder mehr unbewußt, ist es die Methode der Verhaltenstherapie. Machen wir dem Kind klar, daß es durch dieses Verhalten nicht zum erwünschten Ziel

(Anerkennung) kommt und zeigen wir ihm dazu einen besseren Weg auf, handeln wir im Sinn der Individualpsychologie.
Erzieher müssen sich auch fragen, wo sie sich selbst durch die Kinder verstärken ließen. Wenn sie ein trotziges Kind auf den Arm nehmen, wird es sich beruhigen. Das Kind hört auf zu trotzen, verstärkt damit den Erzieher. Dieser lernt also, bei Trotz das Kind auf den Arm zu nehmen. Das Kind wiederum lernt, wenn es auf den Arm genommen werden möchte, muß es trotzen (s. auch oben S. 48: Marion).

3. Integration der beiden Methoden in der modernen Therapie

In jüngster Zeit versuchen immer wieder Therapeuten nach gemeinsamen Grundlagen. Die Psychotherapie versteht nun den Heilungsvorgang auch als Lernen, Verhaltenstherapeuten anerkennen in der Verstärkung das Lustprinzip. Doch gibt es noch eine Reihe unversöhnlicher Gegensätze. Ein Versuch zur Verbindung beider Theorien (nicht nur zur Übertragung von Begriffen) ist zu finden bei Keupp und Kraiker[3]. Gerade in der Kindertherapie, bei der es nicht um Heilung echter Neurosen geht, ist eine Verbindung beider Methoden angebracht.

3.1 Folgen für die Praxis

In der Praxis ist eine seelische Störung häufig mit Lernen von Fehlverhalten verbunden. Nehmen wir unser Beispiel Manuel (s. oben S. 18 f.):

Manuels Störungen lassen sich deutlich als Versagung in der intentionalen und oralen Phase erkennen. Gleichzeitig können sie als falsche Wege zur Anerkennung gedeutet werden (Individualpsychologie). Nach der Verhaltenspsychologie ist sein übertriebenes Leistungsstreben durch Verstärkung (Anerkennung als Zeichen für Liebe) gelernt und bildet (als intervenierende Variable) die Leistungseinstellung. Aus dieser folgt auch seine Aggressivität (mächtig sein), die zusätzliche Verstärkung (Hand auf den Kopf legen) bringt. Einnässen hat er durch Modell gelernt.

Diese Deutungen schließen einander nicht unbedingt aus. Es können also in einer Therapie beide Ursachenkomplexe (seelische Störung auf-

3 Heinrich Keupp und Christoph Kraiker, Die Kontroverse zwischen Verhaltenstherapie und Psychoanalyse. Sonderdruck aus „Die Psychologie des 20. Jahrhunderts. Zürich 1975, 666–712. Sie verstehen diesen Artikel als Anfang einer Forschung.

grund einer gestörten Libidoentwicklung) und Lernen von Fehlverhalten (durch Verstärkung) berücksichtigt werden:

Manuel braucht dann in der Therapie Mittel, um seine Aggression an Objekten abzureagieren, die nicht leiden. Er braucht Aufgaben, die er verhältnismäßig leicht bewältigen kann und muß erleben, daß er für geringere Anstrengung ebenso Zuneigung erhält, daß ihm diese aber auch einfach als der, der er ist, sicher ist. Gleichzeitig muß er immer dann besondere Zuwendung (Verstärkung) erfahren, wenn er nicht aggressiv ist, also ruhig spielt. Er muß da verstärkt werden, wo er sich selbst nicht überfordert.

Ein wichtiger Aspekt des Zusammenwirkens beider Methoden ist das Gewähren-Lassen (Psychotherapie) und gleichzeitig Grenzen-Setzen (Verhaltenstherapie), was natürlich nicht Inkonsequenz bedeuten darf. Es muß vielmehr zu Beginn einer Therapie mit dem Kind vereinbart werden, was es darf und wo Grenzen liegen.
Wie trotz eines von der Tiefenpsychologie begründeten Fehlverhaltens (Einkoten) Verhaltenstherapie erfolgreich angewendet werden kann, zeigt folgendes Beispiel:

In einem Ferienlager beobachtete die Erzieherin, daß ein sechsjähriges Mädchen bei der Mittagsruhe absichtlich einkotete und dabei Lust empfand (Freud: Fixierung in der analen Phase). Sie gab dem Kind den letzten Schlüpfer, den es dabei hatte und sagte ihm, sie wäre schon recht froh, wenn es diesen nicht vollmachen würde, denn im Ferienlager gäbe es kein warmes Wasser zum Auswaschen. Das Kind, das sich freute, nun den Frotteeschlüpfer, der ja recht weich ist, anziehen zu dürfen, sagte: „Ja, glaubst du, des schöne Hoserl mach i voll!" Die Erzieherin veranlaßte die Mutter, eine ganze Reihe von neuen, bunten Frotteeschlüpfern zu besorgen. Mit dem Kind wurde vereinbart, daß es jeden Tag nach dem Mittagsschlaf einen neuen anziehen dürfe, wenn es nicht eingekotet hätte. (Lernen durch Verstärkung). Nach knapp 2 Wochen war das Kind sauber und begnügte sich mit den Frotteeschlüpfern, die es nun hatte.

In diesem Fall würde ein Psychoanalytiker wohl zu recht einwenden, daß zwar das Einkoten verschwunden, aber die anale Phase nicht überwunden sei. Es kam lediglich zu einer Kompensation, einer Ersatzbefriedigung. Wo nun ein Symptom rasch verschwinden muß, wie in diesem Fall, ist das mit der Verhaltenstherapie möglich. Wo aber die seelische Störung behoben werden soll, braucht es mehr. Wenn die Erzieherin, wie die hier erwähnte es in solchen Fällen macht, mit dem Kind die Vorgänge der Nahrungsaufnahme, Verdauung und Ausscheidung eingehend bespricht, das Kind z. B. bei der Zubereitung eines Obstsalates erfahren läßt: das brauchen wir, und das ist Abfall, wird also weggeworfen), könnte auch dieses Mädchen die anale Fixierung überwinden. Seine

Entwicklung könnte voraussichtlich ungestört verlaufen. Hier zeigt sich also, wie wichtig es für Erzieher ist, nicht nur Techniken zu beherrschen, sondern zu wissen, *was* jeweils getan werden muß.
Selbstverständlich gibt es Fälle, in denen Erzieher Kinder an einen Psychologen verweisen müssen. Dann aber müssen die Erzieher wissen, ob das Kind Verhaltens- oder Psychotherapie braucht. Zu beachten ist auch: Je geringer (bzw. weniger entwickelt) die Intelligenz eines Kindes ist, d. h. je weniger Einsicht es in Zusammenhänge gewinnen kann, desto mehr ist Verhaltenstherapie angebracht.

3.2 Erziehern zur Verfügung stehende Mittel für beide Arten von Störungen

Ein sehr gutes Mittel ist das Kasperltheater. Wesentlich ist, daß Kinder die Aggression (Zauberer, Hexe) nicht als bös, sondern als sinnlos erleben. Dies können alle verkraften. Z. B. die Hexe, die dem Sepperl schaden wollte, wird vom Kasperl überlistet und erreicht ihr Ziel nicht. Nicht einsperren! Das hieße: Aggression wird hart bestraft. Wo es ihr gelungen ist, jemanden zu überlisten, soll gezeigt werden, daß am Ende doch der Kasperl siegt.
Entwicklungspsychologisch und heilpädagogisch nicht sinnvoll ist es, wenn die Hexe zugleich gut und bös ist (der Kasperl nur zu bitten braucht, und sie schenkt ihm etwas oder löst die Verzauberung). Schwarzweiß-Malerei ist in diesem Alter unbedingt erforderlich, damit sich klare Vorstellungen im Kind bilden. Das gleiche gilt für Märchen, die zeigen, wie Aggressionen nicht ans Ziel kommen, und so Angst abbauen. Das Kind identifiziert sich mit den Märchenhelden und lernt Angst überwinden.
Bei Märchen sollen vor allem solche gewählt werden, die dem Kind Sicherheit vermitteln (Befreiung der Prinzessin aus einer Höhle, Erlösung von verwünschten Prinzen, Glück für „Dummlinge"), aber auch solche, die Aggressionen als sinnlos erscheinen lassen (Wolf bei Rotkäppchen, der Menschenfresser beim „kleinen Däumling").
Lieder sprechen das Gemüt des Kindes an, gliedern es in die Gemeinschaft ein, ohne daß das Kind dies als Zwang empfindet.

Im Rollenspiel können Schwierigkeiten ausgetragen werden.

In einem Kindergarten stritten sich die Kinder fast täglich um die Bilderbücher. (Es waren genügend da, aber die Kinder wollten jeweils dieselben anschauen.) Da inszenierte die Erzieherin ein Rollenspiel: Drei Kinder setzten sich an einen Tisch und bekamen zusammen ein Bilderbuch. Es wurde ihnen gesagt: „Ihr bekommt dieses Buch. Jeder von euch möchte es anschauen. Was tut ihr?" Zuerst bemühte sich jeder, es für sich zu bekommen. Da sie gleich stark waren, kamen sie so zu keiner Lösung. Da sagte einer: „Ich weiß etwas: Wir reißen es auseinander, dann hat jeder etwas." Da sagte ein anderer: „Du Depp, dann hat keiner was, da weiß man ja nicht, wie's weitergeht." Sie einigten sich darauf, daß es einer nach dem anderen anschaut und die anderen inzwischen etwas anderes tun. Seitdem gibt es mit Bilderbüchern keinen Streit mehr. (Die Lösung konnte gelingen, weil in der künstlich geschaffenen Situation die Emotionen nicht so stark waren wie im Ernstfall. Dadurch war Distanzierung möglich. Die erkannte Lösung konnte – auch von den anderen Kindern – übertragen werden.)

Themen für Schulkinder im Hort könnten sein: „Ich möchte nicht mit spazierengehen", „Ich will Platten hören, die anderen aber Schulaufgaben machen", „Warum muß ich immer beim Abtrocknen helfen"[4].

Bei Turnspielen ist es günstig, mit „aggressiven" Spielen zu beginnen und dann langsam zu ruhigen überzugehen. Ängstliche Kinder werden selbstverständlich nicht gezwungen mitzumachen. Mit der Zeit wünschen sie selbst, am Spaß der anderen teilzuhaben. Aggressionsspiele dürfen nicht zu lange dauern. In vielen Spielen können gehemmte Kinder zum Mitmachen angeregt werden. Auch Eingliederungshilfen werden durch solche Spiele gegeben. Anregungen dazu s. im Anhang.

3.3 Klientenzentrierte Spieltherapie[5]

In der klientenzentrierten Spieltherapie sind beide therapeutische Methoden vereinigt. Auf der einen Seite geht es darum, daß das Kind lernt, seine Gefühle zu verbalisieren und damit seine Probleme auszusprechen, um sie überhaupt in den Griff zu bekommen (psychoanalytischer Ansatz). Das Kind soll Lösungswege selbst finden, auch wenn man ihm welche zur Auswahl anbieten kann. Im Gegensatz zur „nicht-direktiven-

---

4 Zahlreiche Vorschläge finden sich in:
Pauline Furness, Soziales Rollenspiel. Ein Handbuch für die Unterrichtspraxis. Ravensburg 1978.

5 Stefan Schmidtchen, Klientenzentrierte Spieltherapie. Weinheim und Basel 1978, gibt einen sehr guten Einblick in diese Methode.

Spieltherapie" werden dem Kind Grenzen gesetzt, die vorher mit ihm vereinbart werden (moderner verhaltenstherapeutischer Ansatz).
Wichtig ist, dem Kind die passenden Mittel so bereitzustellen, daß es davon angesprochen wird. Für jedes Kind muß also im Therapieraum etwas anderes in den Vordergrund gestellt werden (Puppenhaus, Kochgelegenheit, Sandkasten, Handpuppen usw.). Von Anfang an muß die Erzieherin sich dem Kind zuwenden, ihren Kopf in Augenhöhe des Kindes halten, Blickkontakt herstellen, sich interessiert zeigen (pädagogische Elemente). Außerdem muß die Spielzeit genau geregelt sein. Ein Kurzzeitwecker zeigt dem Kind jeweils, wieviel Zeit es noch hat, ohne daß man selbst immer auf die Uhr schauen und den Eindruck erwecken muß, man hätte Langeweile.
Beispiel einer in einem heilpädagogischen Kindergarten durchgeführten Spieltherapie:

Herbert, 7 Jahre, seit einem halben Jahr im heilpädagogischen Kindergarten, vorher in einem andern, wurde vom Schulbesuch zurückgestellt.

Häusliche Verhältnisse: Mutter sehr niederes Intelligenzniveau, vom ersten Mann geschieden, Herbert ist vom zweiten.
Persönlichkeitsreife fehlt, kann sich nicht an einfachste Spielregeln halten und reagiert in ihrer Hilflosigkeit mit sich widersprechenden Befehlen und harten Strafen.

Persönlichkeit des Kindes:

Herbert ist in ausgeglichener fröhlicher Stimmung offen, bei Frustration aggressiv, explosiv, grob und unzufrieden. Vermeidet dann Blickkontakt und sucht sich mit finsterer Miene durchzusetzen.
H. zeigt geringe Motivation für Leistungen, Spiele und Gespräche. Unterdurchschnittliche Intelligenz (geringe Förderung zu Hause), geringe emotionale Belastbarkeit, mangelnde Anpassungsfähigkeit.

Auslösende Situationen für aggressives Verhalten:

- Frustrationen, z. B. wenn ein Kind mit einem von ihm bevorzugten Spielzeug spielt, ihm im Weg steht, sich das Essen vor ihm nimmt;
- Konfliktsituationen: H. hat keine Verhaltensmuster zur Konfliktbewältigung;
- Falsche Erwartungen, z. B. der Zug fährt nicht schnell genug.
- Erlebnis minderer Leistung als die Gruppe.

Was Herbert gern mag:

- Ausgelassensein, Tobespiele, raufen, wildsein, streunen;
- mit Erwachsenen schmusen, von ihnen bevorzugt werden;
- bestätigt werden;
- ohne sich anpassen zu müssen nach Lust und Unlust handeln;
- Theaterspielen.

Verhaltenstherapeutisches und erzieherisches Konzept zur Behandlung des aggressiven Verhaltens:

- indirekte Reizkontrolle: deutliche Zuwendung bei sozial positivem Verhalten, Ausblendung bei aggressivem Verhalten, time out, allein lassen (für höchstens 15 Sek.);
- Schaffen von positiven Erlebnissen;
- mitteilen, daß nicht er böse ist, sondern nur das, was er tut, z. B. schlagen;
- äußerst konsequente erzieherische Haltung
  Verständnis zeigen
  Gefühle reflektieren
  Informationen geben
  Grenzen setzen und Durchführung angedrohter Konsequenzen für deren Übertretung.

Kindergruppe als Mitträger der Behandlung:

- Gruppengespräch über Problem und Erarbeitung von Lösungen;
- lautes Wiederholen der Reaktionen und Wertungen der Kinder über sein Verhalten;
- nicht sofort eingreifen bei Konflikten und nicht Lösung übernehmen, sondern warten, wie die Kinder reagieren und auf Auswirkung seines Verhaltens hinweisen.

Beispiel:

Herbert hatte Roman im Vorbeilaufen heftig gestoßen, ohne dies zu bemerken. Roman schaute empört, sagte: „du hast mich geschubst." Herbert ignorierte dies. Erzieherin schilderte den ganzen Vorgang mit der Aufforderung an Herbert, Roman anzuschauen. Roman teilte dadurch ermuntert Herbert mit, was er getan hatte. Herbert wollte erst aggressiv abwehren, entschuldigte sich dann aber.

- Aufgabe: Kinder überlegen gegenseitig, was ihnen aneinander nicht gefällt. Herbert erhielt viele positive Äußerungen. Jedoch sagte fast jedes Kind auch: „du bist oft so wild, grob und wirfst etwas um."
  Jede Äußerung wurde von der Erzieherin wiederholt.
- Spielrepertoire erweitern, um Befriedigung und Ausgleich im Spiel zu erreichen;
- Alternativen für sein Verhalten aufzeigen (wenn du toben möchtest, geh auf's Podest zum Springen; hol den Boxball, wenn du wütend bist; sag es dem Erich oder mir.

Stufenweiser Aufbau adäquaten Aggressionsverhaltens

1. Schimpfwörter schreiben, stampfen im Rollenspiel (psychotherapeutischer Aspekt);
2. Gegenstände und Personen beschimpfen mit genauer Mitteilung und genauer Definition des Ärgers: z. B.
   „Ich bin zornig, weil mir der Stuhl im Weg gestanden ist"
   „Ich möchte alles zusammenschlagen, weil ich nicht mitfahren darf";
3. mitteilen eigener Wünsche;

4. Chip-Verstärker für Übung während der Therapiestunde (verhaltenstherapeutischer Aspekt);
5. Lernen am Modell (Fremdschilderung, Kasperltheater, Rollenspiel: Problemdarstellung, Erarbeitung und Spielen von Lösung);
6. ausreichende Spannungsabfuhr durch körperliche Betätigung (Fußballtraining, Boxen, destruktive Beschäftigung, Schneiden, Reißen, Toben) (psychotherapeutischer Aspekt);
7. verstärken positiven Sozialverhaltens: anschauen, etwas zeigen, erzählen, helfen (verhaltenstherapeutischer Aspekt);
8. vermeiden der Sündenbock-Rolle;
9. Gruppendynamische Spiele.

Spieltherapie einmal wöchentlich

Ziel der wöchentlich einmal stattfindenden Spieltherapie war und ist, durch Zuwendung, Beziehungsaufbau und Festigung eine emotionale Verpflichtung zur Übernahme der Steuerung dieser oft plötzlich auftretenden aggressiven Impulse zu erreichen und Störungseinsicht zu vermitteln.
Außerdem soll die geringe Spielfähigkeit verbessert und Gelegenheit zur Verarbeitung negativer Erlebnisse gegeben werden.
Nach einigen Stunden relativ unstrukturierten Spielens gelang es, Herberts Aufmerksamkeit auf die Reaktionen zu lenken. Er sollte einen Zusammenhang zwischen seinen Handlungen und den Bemerkungen der Erzieherin erkennen. Der Durchbruch kam mit dem von ihm sehr geliebten Kasperltheater. Nachdem er erst 5 Stunden nur wilde Verfolgungsjagden mit dem Krokodil veranstaltet, und das Krokodil alle bedroht und vernichtet hatte, tauchten Vertreter der Ordnungsmacht auf, die steuernd eingriffen (Polizist, Lehrer, Arzt). Erst teilte er diese Rolle der Erzieherin zu, bald übernahm er sie selber. Sein Spiel wurde ruhiger, überlegter, geplanter. Er bekam deutlich Einblick in den Zusammenhang von Ursache und Wirkung seines Verhaltens.

Jetziger Stand

Herbert ist deutlich weniger aggressiv. Bei einer Wanderung während einer Ferienfreizeit hatte er erstmals eine eigene bewußt formulierte Anstrengung zur Steuerung seines Verhaltens versucht:

Es fehlten ihm noch einige Chips, um sich am Zielort wie die anderen Kinder etwas kaufen zu können. Er brummte, als alle in den Laden gingen und mit Luftballons und Wasserpistolen wiederkamen. Er war still und blaß bei der anschließenden Besichtigung einer Kirche. Die Erzieherin zeigte ihm danach die für ihn gekaufte Wasserpistole, die er bekäme, wenn es ihm gelänge, beim Heimweg 2 Stunden nicht aggressiv zu sein. Es gelang ihm. Die Wende trat aber nicht ein, weil er die Wasserpistole erhalten hatte, sondern weil er bewußt und „jubelnd“ registrierte: „Ich kann lieb sein, ich kann lieb sein!“ und dabei Kindern, der Erzieherin und der Heilpädagogin um den Hals fiel vor Freude über das erstmalige Gelingen der Steuerung aus eigener Kraft.

Selbstverständlich ist die Therapie noch nicht abgeschlossen.

4. Die Rolle der Erziehung

Erzieher müssen – das dürfte deutlich geworden sein – fähig sein, eine Therapie durchzuführen, wenn auch in vielen Fällen mit begleitender Beratung durch Heilpädagogen oder Psychologen. In schwerwiegenden Fällen muß das Kind an einen Psychologen verwiesen werden. Erzieher sind letztlich keine Therapeuten. Erziehung ist etwas grundsätzlich anderes als Therapie. Auch wenn die Mittel im allgemeinen die gleichen sind, ist ihre Anwendung nicht dieselbe. Die Verstärkung z. B. wird wohl dosiert, geplant gegeben. Ein Lob ist eine spontane Reaktion des Erziehers, also eine persönliche Äußerung. Erziehung ist für jedes Kind notwendig, denn der Mensch ist per definitionem ein erziehbares und erziehungsbedürftiges Wesen.

Die immense Bedeutung der Erziehung zeigt sich auch darin, daß Symptome Folgen einer falschen Erziehung sind (wo nicht, wie in Ausnahmefällen, endogene Störungen vorliegen). Schultz-Hencke, aber auch Horst-Eberhard Richter haben dies deutlich gemacht. Daß manche Symptome schon verschwinden, wenn die belastenden Einflüsse einer falschen Erziehung aussetzen, zeigt ebenfalls den Einfluß der Erziehung.

Am ersten Abend in einem Kinderkurheim stand ein 11jähriger Junge im Schlafanzug vor seinem Bett, während alle anderen bereits im Bett lagen. Auf die Frage der Erzieherin, was er vorhabe, sagte er: „Ich geh nicht ins Bett." „Aber warum denn nicht", fragte sie, „du kannst doch nicht die ganze Nacht hier stehen, da wirst du zu müde." „Doch", antwortete er, „ich bleibe stehen. Denn wenn ich ins Bett geh, mach ich naß, dann schlagen Sie mich, wie meine Mutter das tut." Darauf die Erzieherin: „Ich wüßte nicht, warum ich dich schlagen soll. Geh ruhig ins Bett!" „Aber Sie schimpfen mich dann." „Ich werde dich nicht schimpfen. Du kannst ruhig das Bett naß machen. Wir waschen es dann morgen zusammen aus und du bekommst ein neues, sauberes Bettuch." Sichtlich erleichtert rief er aus: „Dann darf ich wirklich ins Bett gehen!" – Während der sechswöchigen Kur machte er nicht ein einziges Mal das Bett naß.

Die zu Anfang (s. S. 16) beschriebenen sexuellen Schwierigkeiten von Klein- und Schulkindern können überhaupt nur durch eine verständnisvolle Erziehung behoben werden. Wenn Sexualität Sache der Liebe, also der Emotionalität ist, kann sie nur durch Erfahrung positiver Emotionalität gesund ausreifen, auch wenn die Ratio bei jeder Emotionalität eine Rolle spielen muß. Der Mensch muß ja seine Emotionalität beherrschen und darf nicht von ihr beherrscht werden. Einweisung in die Technik des Sexualverhaltens verhindert geradezu die emotionale Besetzung.Therapie ist im Gegensatz zu Erziehung eine „Behandlung", die sich auf genau definierte Verhaltensweisen bezieht. Erziehung sieht immer den ganzen Menschen. Erst wenn der Heranwachsende seine Identität gefunden hat, wenn er sich behaupten und gleichzeitig für andere da sein kann, wenn er selbständig ist und sich dabei in eine Gemeinschaft einfügen kann, wenn er sich rechtmäßigen Geboten unterwerfen und gleichzeitig in Verantwortung sein Leben selbst gestalten kann, ist er erzogen.

In der Erziehung braucht es nicht in erster Linie *Methoden,* sondern eine *Haltung,* die Liebe, die gerade dem Menschen eigene Fähigkeit. Zwar kann auch der Therapeut Liebe zu einem Kind haben. Sie ist aber nicht grundsätzlich in die Therapie eingeschlossen. Wenn heute in ihr versucht wird, sich dem Kind wohlwollend zuzuwenden, ist das ein Rückgriff auf ein in der Pädagogik schon immer geltendes Prinzip.
Es braucht den pädagogischen Bezug, der etwas anderes ist als der Bezug Therapeut – Klient. Der pädagogische Bezug orientiert sich an der Ur-Beziehung zwischen Menschen, dem Mutter-Kind-Verhältnis. Dieser personale Bezug ist im christlichen Glauben zurückbezogen auf den, in dem alle menschlichen Beziehungen ihren Ursprung und ihre Vollendung haben. Von daher erfährt er auch seine letzte Tiefe.
Daß heute auch in der Kindertherapie angestrebt wird, eine enge Beziehung aufzubauen, zeugt von der Einsicht in die absolute Notwendigkeit der Erziehung. Erst durch die Einbeziehung der Erziehung, des pädagogischen Bezugs, in die Therapie wird das *Objekt* der Therapie, das Kind, zum *Subjekt.*

Es soll mit diesen letzten Ausführungen keineswegs widerrufen werden, was im ganzen Buch dargestellt wurde: Die Notwendigkeit einer wohldurchdachten, auf einer soliden theoretischen Grundlage ruhenden Therapie bei verhaltensgestörten Kindern. Aber es soll klargestellt werden, daß sie echte Hilfe für das Kind nur dann bedeutet, wenn sie Teil einer Gesamterziehung ist.

Anhang: Spielvorschläge

Die Bedeutung des Spiels für die Kindertherapie zeigt sich in der alle Therapiearten überwiegenden Spieltherapie. In erster Linie ist das Spiel jedoch ein pädagogisches „Mittel", das die Persönlichkeitsentwicklung der Kinder fördert und dabei auch Verhaltensstörungen abbauen kann. Im Spiel können sich Kinder austoben und zugleich Grenzen akzeptieren lernen. Sie können aber auch erfahren, daß es zunächst „nur Spiel" ist, daß man sich also trauen darf. Die Kinder werden dabei nicht auf Anpassung gedrillt, vielmehr werden sie durch das Spiel fähig, sich freiwillig in die Gruppe einzugliedern, nicht in ihr aufzugehen, sondern Verantwortung zu übernehmen: für das Gelingen, das Gewinnen, den Kameraden, der nicht beeinträchtigt werden darf oder für Schwächere, die es allein nicht schaffen würden.
Aus diesem Grund sollen hier von einigen Spielarten Beispiele aufgezeigt werden, die es Erziehern erleichtern können, Spiele therapeutisch einzusetzen, selbst entsprechende ähnliche Spiele, vielleicht auch ganz neue zu erfinden.

1. Turnspiele[1]

Wenn man in einer Kindergruppe Turnspiele durchführt, hat man fast immer aggressive und gehemmte oder ängstliche Kinder zugleich. Es wird in den wenigsten Fällen möglich sein, sie zu trennen. Deshalb müssen beide Gruppen so berücksichtigt werden, daß jedes Spiel möglichst allen Kindern hilft und keinem Kind schadet. Wichtig ist, daß der Erzieher sich selbst für die Gruppe einsetzt, soviel Kreativität besitzt, daß er aus jeder Situation das beste machen kann. Er kann sich jeweils nur recht allgemein vorbereiten; denn es kann plötzlich passieren, daß er das ganze „Programm" umwerfen muß, um Kinder zu begeistern, zu aktivieren oder auch zu beruhigen.

1 Diese Spiele von Alice Kraeger, in mehreren Kindergärten und -heimen erprobt, haben sich als therapeutisch wirksam erwiesen.

1.1 Spiele zum Abbau von Aggressionen

Kinder zwischen 4 und 6 Jahren läßt man, wenn sie besonders aggressiv sind, erst einmal in die Mitte des Raumes stellen, tief Luft holen (wie ein Luftballon), dann beim Ausatmen so laut schreien als es nur geht. Nach ein paar Wiederholungen sind sie schon etwas ruhiger. Nun beginnt man am besten mit Spielen, bei denen sie toben können.

Ballwerfen. Eine Gruppe von höchstens 12 Kindern stellt sich in Zweierreihen gegenüber, dazwischen steht eine Bank. Jedes Kind der ersten Reihe bekommt einen Ball (Gymnastik- oder Tennisball). Auf ein Startzeichen werfen alle den Ball über die Bank. Die Kinder der zweiten Reihe suchen nun die Bälle so schnell wie möglich zurückzuwerfen. So geht es hin und her (anfeuern!). Auf Gongschlag darf kein Ball mehr geworfen werden. Die Gruppe, die die wenigsten Bälle hat, ist Sieger.

Fischernetz. Zwei Kinder geben sich beide Hände und bilden so ein Fischernetz. Alle anderen laufen im Raum frei herum (Fische). Die Fischer müssen nun einen Fisch im Netz fangen. Dieser muß ausscheiden, bis ein zweiter Fisch gefangen ist und bildet dann mit diesem ein weiteres Netz.

Bänke verschieben. Je zwei Kinder bilden auf dem Boden eine Bank. Jedes versucht nun, nach rückwärts den Partner (die andere Bank) wegzuschieben (evtl. von einer Matte herunter). Hierbei können sich die Kinder richtig austoben und müssen doch genaue Regeln beobachten (z. B. bestimmte Richtung einhalten, keiner darf umfallen, sonst scheiden beide aus).

Bänke verschieben

Gockelspiel. Der Gockel verteidigt seine Küken gegen den angreifenden Fuchs. Die Küken, die gefangen werden, werden Füchse. Fuchs und Gockel können Aggressionen entladen, ihre Kräfte messen, während die Küken einerseits Geborgenheit erleben, andererseits aber wissen, daß sie, wenn sie gefangen sind, also Füchse werden, gefordert sind, aktiv zu werden, daß sie dann aber nicht allein sind, sondern bereits in einer Reihe von Füchsen.

Gockelspiel

Baumstämme rollen. Sich auszutoben und gleichzeitig sich an den Partner anzupassen, darum geht es bei diesem Spiel, das im Turnraum, aber auch im Freien gespielt werden kann.

Ball-rollen. Die Kinder liegen auf dem Bauch, alle an einer Ausgangsseite (Wand) und schieben mit dem Kopf den Ball vor sich hin zur anderen Wand. Die Hände dürfen nicht dazu benützt werden.
Hierbei merken die Kinder schnell, daß sie durch „Drauflosgehen" nicht ans Ziel kommen, denn wenn sie den Ball stoßen, rollt er zur Seite. Dann kommen sie mit anderen Kindern ins Gehege und selbst nicht voran.

Für größere Kinder (Hort- und Heimkinder) kann man

Omnibuswettfahrten machen. Dazu werden zwei Mittelstücke der Turnkästen herausgenommen. Je zwei Kinder stellen sich hinein und laufen damit auf ein Startzeichen hin um ein „Mal" herum und wieder zurück. Der „Bus", der zuerst da ist, hat gewonnen. Macht man dieses Spiel mit Mannschaften, ist darauf zu achten, daß in jeder Mannschaft gleich große Kinder sind, denn das Umwechseln braucht Geschick. Man kann auch jeweils nur einen Läufer wechseln lassen.

Das Eichkätzchenspiel ist sehr beliebt. Alle Kinder bis auf zwei sitzen in ihrem Nest (Reifen) im Raum verteilt. Von den beiden anderen Kindern bildet eines das Eichkätzchen, das andere den Habicht, der es fangen will. Läuft nun das Eichkätzchen in ein „Nest", muß das darin sitzende Kind herauslaufen. Wird das Eichkätzchen abgeschlagen, wird es Habicht und muß fangen.

Fischer, wie tief ist das Wasser? Der Fischer steht am Rand des Spielfeldes. Auf die Frage der Kinder: „Fischer, wie tief ist das Wasser?" antwortet er mit einer beliebigen Meterzahl. Darauf die Kinder: „Wie kommen wir hinüber?" Der Fischer gibt die Anweisung: „Auf dem Bauch schwimmen" oder „wie ein Frosch hüpfen" usw. Der Fänger (Fischer) darf dann nur in derselben Weise zum Fang ausgehen.

Skiwettlauf kann man im Winter im Turnraum veranstalten: Auf zwei länglichen, nicht zu dicken Pappstücken müssen die Kinder auf dem (glatten) Boden sich vorwärts schieben, ohne die Pappe zu verlieren.

Hundeschlittenrennen. Pro Schlitten zwei Kinder, eines macht den Hund (vorn, aufrecht laufend), das andere den Schlitten, der an der Leine (zwei Tücher oder Seil) gezogen wird. Es sitzt dabei auf dem Boden und hält die Beine hoch.

Spaziergänge bei Heimkindern können zum Spielen verwendet werden. So gibt es viel Freude und keine Ausreißer. Möglichkeiten z. B.: Um die Wette einen Schneemann bauen, über einen Hang (Frühling) hinunterrollen, durch ein Waldstück laufen, ohne an Bäume zu stoßen, Purzelbäume um die Wette einen kleinen Hang hinunter.
Gerade Heimkinder, die durch das Gruppenleben und die unvermeidliche Heimordnung sich mehr als andere Kinder ständig anpassen müssen, brauchen Möglichkeiten, sich auszutoben.

1.2 Spiele für gehemmte und ängstliche Kinder

Tanzspiel. Die Kinder sitzen im Raum verteilt, jedes in einem Reifen (Haus). Ein Kind hat keinen Reifen. Es fordert ein anderes auf, mit ihm zu tanzen (Musik). Sobald die Musik aussetzt, setzt sich das erste Kind in den Reifen, das andere fordert ein weiteres Kind zum Tanzen auf.

Hier erleben ängstliche Kinder nicht das Abgesondertsein von den anderen (Alleinsein), denn sie sitzen in ihrem Haus. Sie trauen sich aber aus diesem heraus, denn sie haben immer einen Partner, mit dem sie tanzen können. Andererseits lernen Kinder, die sich gern hervortun, daß man warten muß.

Schäfchen und Wolf. Der Wolf steht mit dem Gesicht zur Wand. Auf der anderen Seite des Raumes sind die Schäfchen. Diese müssen auf Zehenspitzen, ohne einen Laut zu geben, an den Wolf heranschleichen. Hört dieser etwas, dreht er sich blitzschnell um und versucht, ein Schäfchen zu fangen, das dann Wolf wird.
Dieses Spiel gibt gehemmten, ängstlichen Kindern die Möglichkeit, durch Nachahmung der mutigen zu lernen, etwas zu wagen.

Häschen-Ball. Je zwei Kinder sitzen sich auf den Füßen gegenüber. Der Ball = das Häschen, springt von einem Kind zum andern. Er muß dabei immer zuerst auf dem Boden aufhüpfen, damit er springt.
Bei diesem Spiel können schwer gehemmte und ängstliche Kinder mit der Zeit sicherer werden.

Deutlich sprechen die Hände des zweiten Kindes von links. Es möchte den Ball wohl fassen, getraut sich aber nicht recht. Dagegen zeigen die Hände des ersten Kindes rechts eine gelockerte Haltung.

Katz-und-Maus-Ball. Die Kinder sitzen im Kreis mit ausgestreckten, gespreizten Beinen, so daß die Füße sich mit denen des Nachbarn berühren. Im Kreis befinden sich zwei Bälle, ein größerer (Katze) und ein kleinerer (Maus). Die Kinder rollen nun die Bälle, wobei die Katze die Maus erwischen soll, die Maus sich aber nicht erwischen lassen darf. Bei diesem „Katz und Maus"-Spiel haben auch kleine Kinder nicht das Gefühl, selbst „gefressen" zu werden. Sie sind ja nicht die Maus, sondern beschützen sie nur. Außerdem beruhigt der rollende Ball.

Krebs-Spiel. Durch den Raum bewegen sich lauter Krebse. Der Gang ist ruhig, sie dürfen sich nicht anstoßen.
Dabei erfahren die Kinder aneinander Halt, können sich anvertrauen. Dieses Spiel ist besonders für ängstliche Kinder geeignet.

Krebs-Spiel

Ganz allgemein eignen sich für ängstliche Kinder kleine einfache Tanzspiele, die der Erzieher selbst gestalten kann. Man läßt z. B. die Kinder frei im Raum hüpfen. Auf ein Zeichen hin fassen sie sich zu zweien oder dreien an der Hand und tanzen gemeinsam. Oder die Kinder gehen gemeinsam im Kreis, bleiben dann stehen und klatschen und stampfen am Platz. Nur ein Kind, dem die Erzieherin zuwinkt, holt sich jeweils ein anderes zum Tanz, das anschließend wieder allein tanzt und sich dann ein weiteres Kind holt.

Anregungen sind zu finden in: „Tanzmaruschka“ (Fidula-Verlag). Dazu gibt es auch Platten; weiter im Orff Schulwerk: „Tanz Mädchen tanz, die Schuhe sind noch ganz . . .“.
Ein paar recht gute Beispiele bringt auch Amélie Hoellering in: Der Übergang vom Kindergarten zur Grundschule. 12. Auflage, Donauwörth 1980, S. 227 f.

2 Beispiele für das therapeutische Puppenspiel

2.1 Kasperltheater

2.1.1 „Ich brauche keine Angst zu haben, es gibt immer jemanden, der mir hilft“

Kasperl im Blaubeerwald

Figuren: Kasperl, Seppl, Großmutter, Zauberer
Requisiten: Blumenstrauß, Wald, Blaubeeren, Korb

1. Szene: Kasperl bei der Großmutter. – Er erzählt, wie gut der Schokoladenpudding ihm und Seppl geschmeckt hat. Seppl kommt dazu und beide überlegen, welche Freude sie der Großmutter dafür machen könnten. Kasperl will im Wald des Zauberers Haxelfax große Blaubeeren holen und Seppl auf der Wiese einen Strauß Blumen pflücken.

2. Szene: Kasperl im Wald. – Er freut sich über die großen Beeren, versucht sie, gerät immer tiefer in den Wald. Zauberer erscheint hinter Baum, ärgert sich, verzaubert die Wege, damit Kasperl nicht mehr zurückfindet. Kasperl hat den Korb voll und will heim, kennt sich nicht mehr aus, hat große Angst, es wird dunkel.

3. Szene: – Seppl (mit Blumen) wundert sich, warum Kasperl nicht kommt. Ein Vogel begegnet ihm und erzählt von dessen Schicksal und daß er gehört habe, er könnte gerettet werden, wenn ein Freund zu ihm findet. Er will ihm den Weg zeigen. Seppl zögert, hat Angst. Der Vogel sagt, der Zauberer sei zu einem Fest gegangen. Seppl will nun mitgehen, holt aber erst eine Laterne bei der Großmutter. Sie gehen leise in den Wald hinein, damit sie Kasperl hören. Sie finden ihn weinend an einen Baum gelehnt. Er ist glücklich über seine Rettung. Seppl erzählt ihm alles. Sie gehen schnell, bevor der Zauberer zurückkommt. Die Großmutter freut sich und macht Kuchen für alle drei.

2.1.2 „Aggression ist sinnlos, man kommt damit nicht ans Ziel"

Der Zauberkochlöffel

Figuren: Kasperl, Großmutter, Räuber
Requisiten: Kochlöffel, Topf, Würste.

1. Szene: Kasperl erzählt den Kindern, daß Großmutter Geburtstag hat und sie vom Zauberer einen Zauberkochlöffel bekommen hat. Er schildert dessen Vorzüge: Das Essen ist schneller fertig, schmeckt besonders gut und duftet . . .
Die Großmutter kommt und schickt Kasperl zum Holzholen. Dieser will schnell noch eine Wurst mitnehmen, was die Großmutter verhindert. Diese geht in den Keller, um Sauerkraut zu holen. Inzwischen kommt der Räuber, erzählt den Zuhörern, daß er vor dem Fenster gehört habe, was für ein Kochlöffel das sei und stiehlt ihn. Er will auch noch die Wurst stehlen, doch die Großmutter kommt. Sie schreit vor Schrecken über den Diebstahl auf und muß sich setzen. Kasperl eilt heim und erfährt von den Kindern, was geschehen ist. Er will den Kochlöffel zurückbringen.
2. Szene: Im Wald. – Der Räuber ahnt, daß Kasperl ihn verfolgen wird und gräbt deshalb eine tiefe Grube, damit dieser hineinstürze. Dann geht er in seine Hütte, um zu kochen. Kasperl beobachtet es, schreit, als wäre er hineingefallen. Der Räuber kommt nachzuschauen und fällt selbst hinein. Kasperl holt sich aus der Hütte den Kochlöffel. Der Räuber muß selbst zusehen, wie er herauskommt, denn er hat sich beim Sturz das Bein verstaucht. Kasperl läuft nach Hause, damit die Großmutter mit dem Kochen noch fertig wird.

2.1.3 „Der Ödipuskonflikt und seine Überwindung"

Kasperl im Hexenwald

Figuren: Kasperl, König, Großmutter, Hexe
Requisiten: Zauberwald, -buch, Höhle, Apfelkuchen, Kutsche, Seil

1. Szene: Kasperl erzählt, wie sehr er sich freut, aber er will nicht verraten worüber: daß die Großmutter einen Apfelkuchen macht und sie ein Apfelkuchenfest feiern wollen, er ganz allein mit der Großmutter. Er bewundert den Kuchen, der gerade in den Ofen soll, da sieht er draußen eine goldene Kutsche vorfahren und erkennt sie als die des Königs. Der König tritt ein, sagt, daß er heute sein Versprechen einlösen und die Großmutter mit seiner goldenen Kutsche ausfahren möchte.

Großmutter ist freudig und erregt, sie will gleich mitkommen. Kasperl ist enttäuscht und erbost, daß der König das schöne Fest stört und die Großmutter fortführen will. Er möchte mitkommen, doch in der Kutsche ist kein Platz mehr. Stattdessen soll er aufpassen, daß der Kuchen nicht anbrennt. Er klagt den Kindern sein Leid, daß der König ihm die Großmutter, die ihm allein gehören soll, weggenommen hat. Er entschließt sich, zu Seppl zu gehen.
2. Szene: Der König steigt mit der Großmutter im Wald ab, weiß aber nicht, daß sie sich im Hexenwald befinden. Beide werden müde und schlafen ein. Die Hexe erzählt, daß sie den Wald verzaubert hat, erkennt die Großmutter und schleppt diese in ihre Höhle, damit sie einen Apfelkuchen backe.
3. Szene: Kasperl kommt zurück und ist erstaunt, daß die Großmutter noch nicht da ist. Die Kinder erzählen. Gemeinsames Überlegen. Kasperl eilt in den Wald, die Kinder wollen ihn wachhalten. Er nimmt ein dickes Seil mit, weil man es vielleicht brauchen kann.
4. Szene: Er muß schon im Hexenwald sein, denn er wird sehr müde. Er will sich setzen, doch die Kinder warnen ihn. Dann stolpert er über den schlafenden König, weckt ihn und erzählt, was geschehen ist. Sie hören etwas und verstecken sich. Die Hexe kommt und entfernt sich wieder. Die Kinder rufen den Kasperl, dieser sucht die Höhle, findet sie und will hinein. Der König fürchtet, er würde drinnen einschlafen, seilt ihn an und bleibt selbst draußen. In der Höhle ergreift Kasperl sofort die Großmutter und das Hexenbuch und schläft auch schon ein. Der König zieht sie am Seil heraus. Kasperl ist froh, daß der König so stark ist und will auch einmal so stark werden. Die Hexe kommt und will die drei in Mäuse verwandeln, findet aber das Hexenbuch nicht, Kasperl sagt, er wird es verbrennen. Die Hexe jammert, denn dann wird niemand mehr im Wald einschlafen. Kasperl geht mit Großmutter und König ab und sie wollen zu dreien das Apfelkuchenfest feiern.

2.1.4 Lernen durch Verstärkung

Kasperl und der goldene Ball

Figuren: Kasperl, Prinzessin, Räuber
Requisiten: Goldener Ball, Schokoladenball, Dornen.

Kasperl sagt, daß er Langeweile habe. Prinzessin Tausendschön kommt mit einem goldenen Ball. Kasperl will mit ihr spielen, sie aber will allein bleiben. Kasperl ist traurig. Ein Räuber kommt und will den Ball stehlen; dieser rollt in ein Dornengestrüpp. Der Räuber sticht sich und zieht jammernd ab. Kasperl denkt erst, es geschehe ihr recht, da sie ihn nicht hat mitspielen lassen. Dann aber holt er doch den Ball, denn der Kasperl ist dünner als die Prinzessin und kann leichter unter die Dornen kriechen. Vom König wird er dafür belohnt und bekommt einen großen Ball aus Schokolade.

2.2 Knotenpuppen

Während Kasperlpuppen bestimmte Figuren darstellen und damit eine feste Symbolik haben (das Gute oder das Böse verkörpern, die Ordnungsmacht oder das Kind selbst), legen die Kinder in die Knotenpuppen die Symbolik selbst hinein. Das anthropomorphistische und physiognomische Denken des Kleinkindes macht es ihm nicht schwer, in den Tüchern Puppen zu sehen. Es fasziniert sie, daß im „Handumdrehen“ solche entstehen. Kein Kind kommt auf den Gedanken zu sagen, das sei ein Tuch mit Knoten. Vielmehr bezeichnen die Kinder diese Puppen sofort als Kasperl oder geben ihnen irgendeinen Namen. Sogar das „Gesicht“ der Puppe beschreiben sie als „lachend“, „weinend“, „böse“, „lieb“ usw. Mit diesen Knotenpuppen läßt sich bei verhaltensgestörten, besonders bei gehemmten Kindern, viel erreichen. Sie antworten der Puppe, die die Erzieherin in Händen hat, wenn sie ihr selbst nicht antworten würden. Wichtig ist dabei, daß die Erzieherin nicht Blickkontakt mit dem Kind sucht, sondern beim Sprechen ihre Puppe anschaut. Dann schaut auch das Kind auf die Puppe und spricht mit ihr.

Ein Tuch, ca. 35 cm im Quadrat, erhält an einer Ecke einen Knoten. Quadratische Schals können vierfach verwendet werden. So haben sie die richtige Größe und auch den entsprechend dicken Kopf.

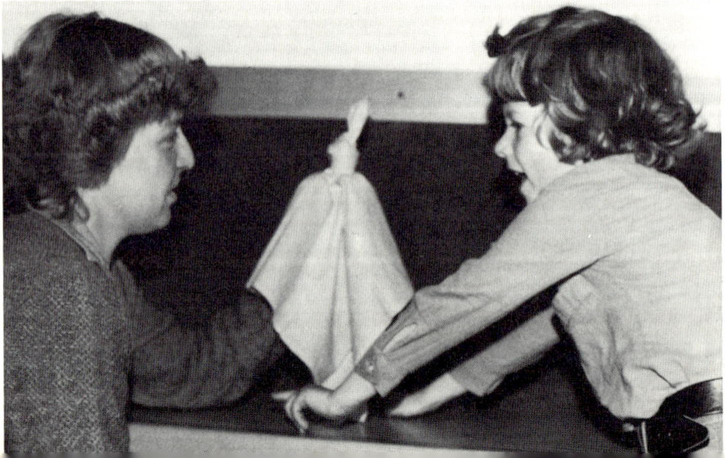

Die Kinder möchten selbstverständlich auch solch eine Puppe haben. Man muß ihnen vor allem zeigen, wie man sie hält, vor allem, daß der Zeigefinger in den „Kopf“ gesteckt wird, damit man diesen bewegen kann. Beim Sprechen blickt dann die Erzieherin zunächst auf ihre Puppe und im Laufe des Gesprächs immer wieder auch auf die des Kindes, nicht aber auf das Kind.
Die Kinder selbst spielen gern mit dieser Puppe, in die sie alles hineindeuten können. Dabei vergessen sie, daß sie selbst sprechen, was von großer Bedeutung für gehemmte Kinder und Stotterer ist. Aggressive Kinder gehen sehr behutsam damit um und sprechen ruhig mit den Knotenpuppen der anderen Kinder.

2.3 Tanzmarionetten[2]

Die hier vorgestellten Tanzmarionetten wurden von Bernhard Morgenstern, Ravensburg, entwickelt.
Das Tanzmarionettenspiel findet gerade auch im Bereich der Arbeit mit erziehungsschwierigen Schulkindern und Jugendlichen Möglichkeiten, pädagogisch zu wirken.
Die Herstellung einer solchen Marionette erfordert für die Kinder sehr viel Geduld und Ausdauer, auch wenn die Kinder mit Freude ans Werk gehen. Die Arbeit muß deshalb gut vorbereitet und in einer kleinen Gruppe in verschiedenen Schritten vollzogen werden. Wartet man bei den einzelnen Schritten auf die ganze Gruppe, ergeben sich erfahrungsgemäß keine größeren Schwerigkeiten. Die Lernziele sind dabei:

- Erhöhung der Frustrationstoleranz
- Stärkung des Gemeinschaftsgefühls
- Fähigkeit, sich in eine Gruppe einzufügen, die während dieser Zeit aufeinander verwiesen ist
- Erfahrung von Hilfe und Bereitschaft zu helfen.

Durch das gemeinsame Aufführen eines Tanzes werden diese Ziele vertieft, verstärkt und ausgeweitet, insbesondere auf den musikalisch-rhythmischen Bereich.
Wichtig ist allerdings die altersgemäße Musikauswahl. Es ist auch darauf zu achten, daß die Kinder beim Erlernen eines solchen Tanzes nicht überfordert werden und dadurch die Lust verlieren.

---

2 Johannes Bauknecht, der uns die Marionetten mit der Werkanleitung zur Verfügung stellte, arbeitete damit in mehreren Kinderheimen mit großem Erfolg.

Auch unruhige und aggressive Kinder arbeiten konzentriert

Ein motorisch äußerst unruhiges Kind führt behutsam die Marionette am Spielkreuz

Wichtig scheint es auch, daß durch die Möglichkeit der Rollenidentifikation gehemmten Kindern die Möglichkeit geboten wird, Freude an der Bewegung und am schöpferischen Tun zu finden.
Der Puppentanz kann bei Tageslicht vor einer Leinwand oder einem weißen umgekippten Tisch aufgeführt werden. Günstig ist es, jeweils zwei oder drei gleichfarbige Paare zusammen tanzen zu lassen. Angestrahlt werden die Puppen mit einem Diaprojektor. (Wenn ein leeres Rähmchen in den Apparat eingeschoben wird, ist die Beleuchtung viereckig, sonst rund.) Für die Kinder im Heim oder Hort, aber auch evtl. im Kindergarten, die die Puppen innerhalb eines Festes, z. B. einer Elternveranstaltung, tanzen lassen, ist es ein starkes Erlebnis, weil die angestrahlten tanzenden Puppen eine Faszination auf den Betrachter ausüben. Besonders wirkungsvoll ist der schwarze Schatten hinter den farbigen Puppen.
Je älter die Kinder sind, desto exakter können die Tänze sein.
Mit diesen Marionetten konnten Kinder- und selbst Jugendgruppen, die durch teils sehr aggressives, teils äußerst gehemmtes Verhalten der Mitglieder kaum zu führen waren, zur Kooperation und zu friedlichem Zusammenleben geführt werden.

Schon das Üben macht Spaß

Die Kinder erfahren, daß man die Marionetten (= sich selbst) in der Hand haben kann, daß man sie bewegen kann, wie man will, daß man aber da, wo man zusammen tanzt, nicht aus der Reihe tanzen darf, weil sonst die Harmonie gestört wird.

Besonders wirkungsvoll sind die schwarzen Schatten hinter den bunten Puppen. (Leider wird im Schwarz-Weiß-Druck dieser Effekt nicht sichtbar)

Material für eine Tanzmarionette

2 Chiffontücher der gleichen Farbe, eines dunkel, eines heller, 65–70 cm im Quadrat

1 Holzkugel ∅ 6 cm, Bohrung 12 mm } wenn Bohrung nicht groß genug,
4 Holzkugeln ∅ 3 cm, Bohrung 6 mm } selbst nachbohren
1 Rundstab ∅ 5 mm, 33 cm lang
1 Vierkantstab, 1 cm Kantenlänge, 14 cm lang
3 Nägel, ca. 2 cm lang
Nylonfaden, etwa 3 m lang
dazu: Nadel, Nähfaden, Holzleim, Hammer, Schere.

Werkanleitung

Die Chiffontücher aufeinander legen, das hellere nach oben (für Vorderseite), das dunklere nach unten (für Rückseite), 14 cm nach vorn

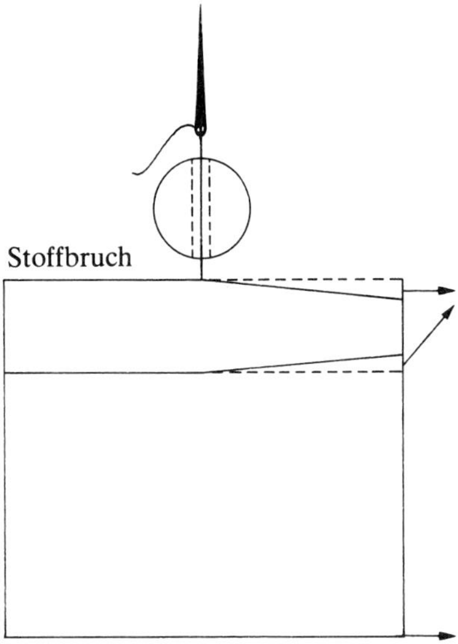

umbücken. An der oberen Mitte wird mit Hilfe einer Nadel ein Faden befestigt, um das Tuch soweit durch die große Holzkugel zu ziehen, daß ein Knoten gemacht werden kann.

Hier werden nochmals oben und unten je $2^{1}/_{2}$ cm umgebückt, das zusammengefaltete Stück durch eine kleine Holzkugel gezogen und geknotet.

Auch diese Ecke wird durch eine Holzkugel gezogen und geknotet.

Spielkreuz:

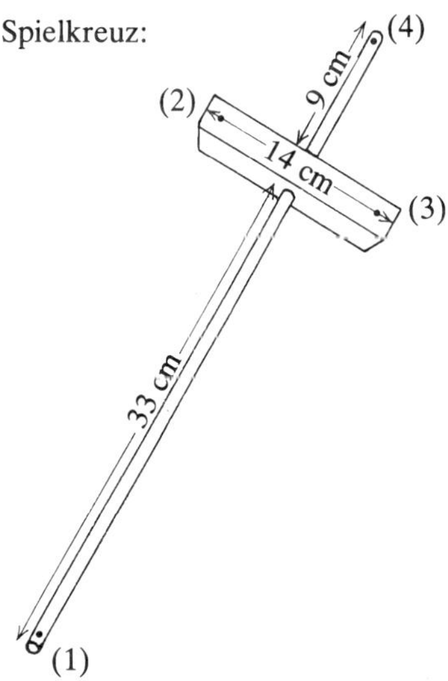

(1) einen 140 cm langen Nylonfaden an einer Hand befestigen, durch die Bohrung führen und dann an der anderen Hand befestigen.
3 Nylonfäden von 55 cm Länge an (2), (3) und (4) befestigen, in den Kopf links, rechts und hinten jeweils in der Mitte einen Nagel einschlagen und dort die Fäden des Spielkreuzes befestigen.

So sieht dann die fertige Tanzmarionette aus:

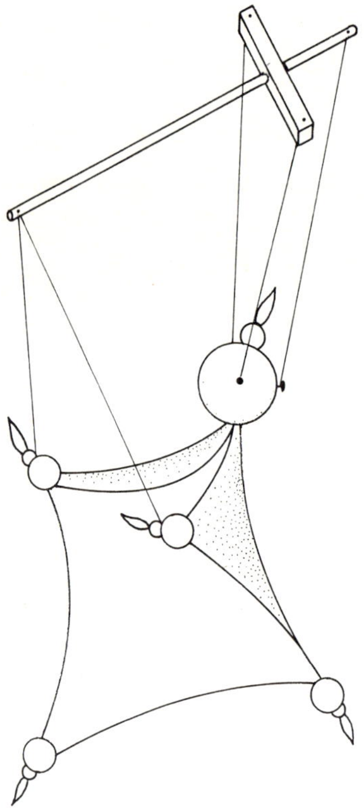

3 Therapeutisch eingesetzte Erzählungen

Es gibt Krisen, aus denen wir Kindern weder mit guten noch mit strengen Worten heraushelfen können. Im Gegenteil: je direkter wir eingreifen, desto schlimmer wird es. In solchen Situationen, die jeder kennt, hat sich der Einsatz therapeutischer Geschichten bewährt. Sie regen nämlich die Fantasie der Kinder an, selbst einen Ausweg aus der Krise zu finden.

Zum Beispiel: Bingel, Irma, Brückengeschichten. Erzählungen, die Kindern helfen, sich und andere zu verstehen und erwachsen zu werden. Herderbücherei. Freiburg 1987.

Literatur

Adler Alfred, Praxis und Theorie der Individualpsychologie. Frankfurt a. M. 1977

Adler Alfred, Die Technik der Individualpsychologie. Erster Teil: Die Kunst, eine Krankengeschichte zu lesen. Frankfurt a. M. 1974

Bingel Irma, Brückengeschichten. Erzählungen, die Kindern helfen, sich und andere zu verstehen. Freiburg 1987

Blackham Garth J./Silbermann Adolph, Grundlagen und Methoden der Verhaltensmodifikation bei Kindern. Deutsche Bearbeitung von Dietrich und Gudrun Eggert. Weinheim und Basel 1975

Brenner Charles, Grundzüge der Psychoanalyse. Frankfurt a. M. 1977

Dührssen Annemarie, Psychotherapie bei Kindern und Jugendlichen. Göttingen[5] 1973

Eckstein Brigitte, „Spielanalyse“ in der individualpsychologischen Therapie und Beratung. In: Zeitschrift für Individualpsychologie 4 (1979), München-Basel, 39–42

Elhardt Siegfried, Tiefenpsychologie. Eine Einführung. Stuttgart[6] 1978

Elkind and Weiner, Development of the Child. New York 1978

Erikson Erik H., Wachstum und Krisen der gesunden Persönlichkeit. Beiheft zur Psyche. Stuttgart 1969, 5–63

Fend Helmut, Sozialisierung und Erziehung. Eine Einführung in die Sozialisierungsforschung. Weinheim und Basel[7] 1974

Furness Pauline, Soziales Rollenspiel. Ein Handbuch für die Unterrichtspraxis. Ravensburg 1978

Goldfried Marvin R., Kent Ronald N., Herkömmliche gegenüber verhaltenstheoretische Persönlichkeitsdiagnostik: ein Vergleich methodischer und theoretischer Voraussetzungen. Deutsch von Rolf Meermann. In: Dietmar Schulte (Hrsg.), Diagnostik in der Verhaltenstherapie. München-Berlin-Wien[2] 1976, 3–23

Gutter Agnes, Märchen und Märe. Arbeiten zur Psychologie, Pädagogik und Heilpädagogik, Band 24, 1969

Hilgard E. R./Bower G. H., Theorien des Lernens I. Stuttgart[3] 1973

Hoellering Amélie, In: Der Übergang vom Kindergarten zur Grundschule. Donauwörth, 11. Auflage 1979

Jones Mary Cover, Eine experimentelle Untersuchung der Furcht: der Fall Peter. In: M. Hofer und F. E. Weinert (Hrsg.), Pädagogische Psychologie 2, Lernen und Instruktion. Reader zum Funk-Kolleg. Frankfurt a. M. 1974

Kanfer F. H., Saslow G., Verhaltenstherapeutische Diagnostik. In: D. Schulte, Diagnostik der Verhaltenstherapie. München 1976, 34–52

Kemmler Lilly, Die Anamnese in der Erziehungsberatung. Bern-Stuttgart-Wien[3] 1974

Keupp Heinrich und Kraiker Christoph, Die Kontroverse zwischen Verhaltenstherapie und Psychoanalyse. Sonderdruck aus: „Die Psychologie des 20. Jahrhunderts“. Zürich 1975, 666–712

Köck Peter, Praxis der Beobachtung. Donauwörth [2]1990
Köhler Wolfgang, Die Aufgabe der Gestaltpsychologie. Berlin 1971
Kuhlen Vera, Verhaltenstherapie im Kindesalter. München 1972

Leinhofer Gerhard, Verhalten als Botschaft. Auffälliges Verhalten von Kindern als Problem und Appell. Donauwörth 1991
Lempp Reinhart, Frühkindliche Hirnschädigung und Neurose. Die Bedeutung eines frühkindlichen exogenen Psychosyndroms für die Entstehung kindlicher Neurosen und milieureaktiver Verhaltensstörungen. Bern-Stuttgart-Wien[3] 1978
Lewis Michael & Brooks Jeanne, Auf der Suche nach den Ursprüngen des Selbst. In: Leo Montada (Hrsg.), Brennpunkte der Entwicklungspsychologie. Stuttgart 1979, 157–172

Meves Christa, Verhaltensstörungen bei Kindern. München[2] 1972
dies. Manipulierte Maßlosigkeit. Psychische Gefahren im technisierten Leben. Freiburg[5] 1972

Parreren Carel F. van, Lernprozeß und Lernerfolg. Braunschweig 1972

Richter Horst-Eberhard, Eltern, Kind und Neurose. Die Rolle des Kindes in der Familie. Reinbek bei Hamburg[6] 1972

Schmidtchen Stefan, Klientenzentrierte Spieltherapie. Weinheim und Basel 1978
Schulte Dietmar, Kemmler Lilly, Systematische Beobachtung in der Verhaltenstherapie. München-Berlin-Wien[2] 1967, 152–195
Skowronek Helmut, Lernen und Lernfähigkeit. München[6] 1975
Spitz René, Die Entstehung der ersten Objektbeziehungen. Direkte Beobachtungen an Säuglingen während des ersten Lebensjahres. Stuttgart 1960

Trautner Hanns Martin, Lehrbuch der Entwicklungspsychologie Bd. 1, Göttingen 1978

Wallner Ernst M./Pohler-Funke Margret, Soziologie der Kindheit. Heidelberg 1978
Watzlawick Paul u. a., Lösungen. Zur Theorie und Praxis menschlichen Wandels. Bern-Stuttgart-Wien[2] 1975
Wertheimer Max, Produktives Denken. Frankfurt a. M.[2] 1964

Für das Studium der in diesem Buch angeführten Probleme gibt es sehr gute Begriffserklärungen in:

Köck Peter, Ott Hanns, Wörterbuch für Erziehung und Unterricht. Donauwörth [4]1989

Bildnachweis:

IFP Fiebig: Seite 12, 19
A. Kraeger: Seite 77–82, 86, 90
J. Bauknecht: Seite 88, 89